관리단 대표가 알아야 할 사무
알면 대박, 모르면 위태로워진다.

이 책은 법률에 바탕을 둔 내용이기는 하지만, 실제 관리단을 운영하고 분쟁을 예방하는 등 실무를 중점적으로 법률과 판례, 중요서식까지 폭넓게 다루고 있다.

이 책은 실무를 다룬 국내 최초의 전문서적이다. 법률전문가들이 펴낸 기존의 분쟁에 관한 판례 위주의 서적과는 근본적으로 다르다. 집합건물 관리단은 많은 분쟁을 일으키는 집단 중 하나인데 대부분 실무착오에서 비롯된다. 이는 집합건물 관련자들이 이 책을 반드시 읽어야만 하는 이유 중 하나이다.

- 구분소유자 수 또는 의결권의 51%를 안정적으로 확보할 수 있다면, 관리단 대표는 평생 직종이다.

- 구분소유자 수 또는 의결권의 51%를 안정적으로 확보할 수 있다면, 집합건물은 매력 있는 투자 대상이다.

차 례

본 문

제11부 중요판례 모음 ──────────── 77

부 록

[부록 3]

서울특별시 상가 집합건물 표준관리규약 ——————— 231

새 틈새직종,

상가 집합건물 관리단 실무

제1부 기초상식

1. 집합건물이란?

본론에 들어가기 전에 우선 집합건물이란 무엇이지에 대하여 확실히 알아볼 필요가 있다.

'집합건물'이란 개별의 건축물이 하나로 합쳐져 있는 형태의 집합체로서 개별의 건축물마다 구분소유가 가능한 경우, 이러한 건축물을 '집합건물'이라고 하며, 여기에는 아파트, 연립주택, 오피스텔(주거용) 등의 공동주택과 상가건물, 오피스텔(비주거용) 등이 있으나, 이 책에서는 공동주택을 제외한 상가건축물이나 오피스텔(비주거용) 등을 대상으로 한다.

참고로 집합건물의 소유 및 관리에 관한 법률(이 책에서는 '집합건물법'이라 약칭하기로 한다.)에서는 제1조 및 제1조의 2에 다음과 같은 규정을 두고 있다.

제1조(건물의 구분소유)
1동의 건물 중 구조상 구분된 여러 개의 부분이 독립한 건물로서 사용될 수 있을 때에는 그 각 부분은 이 법에서 정하는 바에 따라 각각 소유권의 목적으로 할 수 있다.

제1조의2(상가건물의 구분소유)
① 1동의 건물이 다음 각 호에 해당하는 방식으로 여러 개의 건물부분으로 이용상 구분된 경우에 그 건물부분(이하 "구분점포"라 한다)은 이 법에서 정하는 바에 따라 각각 소유권의 목적으로 할 수 있다.

1. 구분점포의 용도가 「건축법」 제2조제2항제7호의 판매시설 및 같은 항 제8호의 운수시설일 것
2. 삭제 〈2020.2.4〉
3. 경계를 명확하게 알아볼 수 있는 표지를 바닥에 견고하게 설치할 것
4. 구분점포별로 부여된 건물번호표지를 견고하게 붙일 것

2. 중요한 용어의 정의

이 책에서는 특별히 자주 사용되는 용어가 있는데, 그 핵심용어는 집합건물법 제2조에서 다음과 같이 정의하고 있다.

제2조(정의)

이 법에서 사용하는 용어의 뜻은 다음과 같다.

1. "구분소유권"이란 제1조 또는 제1조의2에 규정된 건물부분 [제3조제2항 및 제3항1)에 따라 공용부분(공용부분)으로 된 것은 제외한다]을 목적으로 하는 소유권을 말한다.
2. "구분소유자"란 구분소유권을 가지는 자를 말한다.
3. "전유부분"(전유부분)이란 구분소유권의 목적인 건물부분을 말한다.
4. "공용부분"이란 전유부분 외의 건물부분, 전유부분에 속하지 아니하는 건물의 부속물 및 제3조제2항 및 제3항에 따라 공용부분으로 된 부속의 건물을 말한다.
5. "건물의 대지"란 전유부분이 속하는 1동의 건물이 있는 토지 및 제4조에 따라 건물의 대지로 된 토지를 말한다.
6. "대지사용권"이란 구분소유자가 전유부분을 소유하기 위하여 건물의 대지에 대하여 가지는 권리를 말한다.

---

1) 집합건물법 제3조(공용부분)

① 여러 개의 전유부분으로 통하는 복도, 계단, 그 밖에 구조상 구분소유자 전원 또는 일부의 **공용(공용)에 제공되는 건물부분은 구분소유권의 목적으로 할 수 없다.**

② 제1조 또는 제1조의2에 규정된 건물부분과 부속의 건물은 규약으로써 공용부분으로 정할 수 있다.

③ 제1조 또는 제1조의2에 규정된 건물부분의 전부 또는 부속건물을 소유하는 자는 공정증서(공정증서)로써 제2항의 규약에 상응하는 것을 정할 수 있다.

3. 투자적 또는 직업적 관점에서의 집합건물

집합건물을 투자적, 직업적 관점에서 보자면 매우 흥미로운 점이 있다.

가. 투자적 관점에서의 집합건물

아래에서 다시 구체적으로 논하겠지만, 집합건물은 일반 부동산에 비하여 특별한 점이 있는데, 그 대표적인 특징 중 하나가 건물의 운영 및 관리에 관한 의결방법이다. 예를 들어 주식회사나 사단법인 같은 경우 일반적으로 의제에 대한 의결방법은 과반수 찬성으로 의결되며 1주 또는 1인당 하나의 의결권을 행사할 수 있을 것이다.

하지만 집합건물의 경우는 상당히 다르다. 즉, 사안마다 과반수 찬성으로 의결되는 경우와 4분의3으로 의결되는 경우, 5분의 4로 의결되는 경우 등 다양할 뿐 아니라, 표결하는 방식 또한 달라서 구분소유자의 수와 의결권(일반적으로 '구분소유 전유면적'을 말함)을 모두 의결정족수를 충족하여야 하며, 규약에 따라 의결방법을 달리하는 경우(사적자치 허용)와 달리할 수 없는 경우(법정) 등이 있기 때문이다.

이러한 특징으로 인하여 집합건물에서는 특정인이 구분소유권 또는 의결권을 51%이상을 고정적으로 확보할 수 있다면 그 건물을 전적으로 지배하고 그 운영 및 관리의 모든 분야에 대하여 실질적인 권한을 행사할 수 있는 것이다.

나. 직업적 관점에서의 집합건물

위와 같이 집합건물에서는 특정인이 구분소유권 또는 의결권을 51%이상을 고정적으로 확보할 수 있다면 자신이 관리단 대표(법적 용어는 '관리인'이라 함)가 될 수 있을 뿐 아니라, 이 경우 범법행위 등 특별한 사정이 없는 한 실질적으로 자신의 보수나 모든 직원의 채용권한 등도 실질적으로 함께 행사할 수 있게 된다.

따라서 관리단 대표가 된다면 법정 임기는 2년이지만 연임할 수 있으므로 가능한 한 지속적으로 보장된다고 할 수 있을 뿐 아니라, 다른 집합건물의 대표나 다른 직업을 겸직하는 것 또한 가능하다.

4. 관리단 성립 요건과 구분소유자(구성원)

가. 관리단의 성립특성, '당연설립'

집합건물의 관리단이 만들어지는 것을 '창설'이나 '창립', '창단' 등으로 부르지 않고 '성립' 또는 '설립'이라고 한다. 그 이유는 집합건물의 관리단이라는 것은 소정의 조건이 이루어지면 특별한 절차를 밟지 않아도 당연히 성립되는 사단이기 때문이다. 이를 '당연설립'이라 한다.

하지만 관리단이 당연성립 되었다고 해서 곧바로 사단으로서의 모든 권리를 당연히 행사할 수 있는 것은 아니다. 관리단이 권리를 행사할 수 있는 능력을 가지려면 그 권리를 행사할 수 있는 대표자를 뽑아야 하며, 그 대표자를 집합건물법에서는 '관리인'이라고 정의하고 있다.

나. 집합건물 관리단의 설립 요건

건물에 대하여 구분소유 관계가 성립되면 구분소유자 전원을 구성원으로 하여 건물과 그 대지 및 부속시설의 관리에 관한 사업의 시행을 목적으로 하는 관리단이 설립된다.

일부공용부분이 있는 경우 그 일부의 구분소유자는 규약에 따라 그 공용부분의 관리에 관한 사업의 시행을 목적으로 하는 관리단을 구성할 수 있다.

집합건물 관리단의 설립 요건에 대하는 많은 대법원 판례에서 정의하고 있다.

> "'집합건물법' 제23조 제1항의 관리단은 어떠한 조직행위를 거쳐야 비로소 성립되는 단체가 아니라 구분소유관계가 성립하는 건물이 있는 경우 당연히

그 구분소유자 전원을 구성원으로 하여 성립되는 단체라 할 것이므로, 집합건물의 분양이 개시되고 입주가 이루어져서 공동관리의 필요가 생긴 때에는 그 당시의 미분양된 전유부분의 구분소유자를 포함한 구분소유자 전원을 구성원으로 하는 관리단이 설립된다 *(대법원 2006.12.8. 선고 2006다33340 판결 등 참조)."*

제2부 관리단 및 관리인

집합건물 관리단 사무는 대부분 관리인이 수행한다. 관리위원회를 둔 경우, 관리위원회는 집회안건을 심의하고 경우에 따라서는 감사도 수행할 수 있다. 이러한 사무권한의 범위 등은 관리규약으로 정한다.

집합건물 관리단에서 분쟁이 발생할 경우, 일반적으로 가장 많이 발생하는 원인은 관리인 직무에 관련한 것이다. 다른 원인으로 분쟁이 발생하여 소송에 이를 경우에도 본안에 들어가기 전에 먼저 따지는 것이 관리인의 자격이다. 만약 관리인의 자격에 흠결이 발견되면 소송은 각하될 수도 있다. 따라서 관리인에 대한 선, 해임은 관리단 사무에서 무척 중요한 부분이다. 뿐만 아니라 일상적인 사무 외에는 관리인이 관리단 집회를 열어 결정하게 되는데 관리인의 자격에 흠결이 뒤늦게 발견되면 그 집회 자체가 무효가 될 수도 있는 것이다.

그런데 현실적으로 보면 집회를 소집하고 회의를 진행, 표결하며 의사록을 작성, 보관하는 것이 생각보다 그리 만만치가 않다. 따라서 관리인의 선임부터 안건의 의사결정 등 집회를 열어 결정하는 일은 대충이라는 것은 결코 허용될 수 없으며, 만에 하나 흠결이 발생할 경우 분쟁이 발생하여 소송으로 진행된다면 그 사소한 흠결로 인하여 패소할 경우가 비일비재한 것이 바로 관리단 사무인 것이다.

따라서 관리인 선임과 관리규약의 설정, 기타 집회안건을 처리하기 위한 집회의 소집 등 절차에 관하여 사소한 흠결도 없어야 한다. 라는 점은 아무리 강조하여도 과하지 않다는 것을 이해할 필요가 있다.

1. 관리단의 의무

관리단은 건물의 관리 및 사용에 관한 공동이익을 위하여 필요한 구분소유자의 권리와 의무를 선량한 관리자의 주의로 행사하거나 이행하여야 한다.(집합건물법 제23조의2 참조)

이 규정을 보면 관리단은 건물의 관리 및 사용에 관하여 사무를 수행할 의무가 있을 뿐, 건물의 소유에 관한 의무는 포함하지 않고 있다.

2. 관리인의 선임 등

관리인은 대.내외적으로 관리단을 대표하여 사무를 수행하며 관리단의 사업 시행과 관련하여 관리단을 대표하여 하는 재판상 또는 재판 외의 행위 등을 수행하는 관리인은 통상 관리단 집회에서 선출하게 된다. 하지만 규약에 관리위원회에서 선임을 할 수 있도록 규정한 경우에는 관리위원회에서 선출하기도 한다.

앞에서 설명한바와 같이 관리단에서 발생하고 소송에 이르기까지 하는 가장 많은 분쟁이 관리인의 선임 및 직무의 적법성에 관한 사항이다. 따라서 관리인은 통상 관리단 집회에서 선출하는 것이 일반적이라 할 수 있으며, 그 집회의 소집으로부터 결과의 공고, 의사록의 작성, 보관까지 어느 것 하나 대충하여서는 아니되며 티끌만한 흠결도 없이 적법한 절차를 철저히 거쳐야 할 것이다. 이러한 절차에 관하여는 아래 따로 설명할 것이다.

가. 구분소유자가 10인 이상일 때에는 관리단을 대표하고 관리단의 사무를 집행할 관리인을 반드시 선임하여야 한다. 이는 법정 의무사항이므로 관리인이 오랫동안 공석일 경우 구분소유자는 임시관리인을 법원에 청구 할 수 있으므로 가급적 관리단 제체에서 신속하게 관리인을 선임하여야 할 것이다.

나. 관리인은 구분소유자일 필요가 없으며, 그 임기는 2년의 범위에서 규약으로 정한다. 하지만 선임된 관리인이 2012. 12.18. 이전에 선임된 경우에는 이러한 임기제한 규정을 적용하지 않는다.

다. 관리인은 관리단집회의 결의로 선임되거나 해임된다. 다만,

규약으로 관리위원회의 결의로 선임되거나 해임되도록 정한 경우에는 그에 따른다. 하지만 위에서 설명한 바와 같이 관리의원회에서 선, 해임할 경우 많은 문제가 발생할 수 있으므로 집회에서 선임할 수 있도록 규약으로 정하는 것이 보통이다.

라. 구분소유자의 승낙을 받아 전유부분을 점유하는 자는 관리인을 선임하는 관리단집회에 참석하여 그 구분소유자의 의결권을 행사할 수 있다. 다만, 구분소유자와 점유자가 달리 정하여 관리단에 통지하거나 구분소유자가 집회 이전에 직접 의결권을 행사할 것을 관리단에 통지한 경우에는 그러하지 아니하다.

마. 관리인에게 부정한 행위나 그 밖에 그 직무를 수행하기에 적합하지 아니한 사정이 있을 때에는 각 구분소유자는 관리인의 해임을 법원에 청구할 수 있다.

바. 전유부분이 50개 이상인 건물(「공동주택관리법」에 따른 의무관리대상 공동주택 및 임대주택과 「유통산업발전법」에 따라 신고한 대규모점포등관리자가 있는 대규모점포 및 준대규모점포는 제외한다)의 관리인으로 선임된 자는 대통령령으로 정하는 바에 따라 선임된 사실을 특별자치시장, 특별자치도지사, 시장, 군수 또는 자치구의 구청장(이하 "소관청"이라 한다)에게 신고하여야 한다. (이상 집합건물법 제24조 참조)

지나가는 소리

'과반수[過半數]'의 사전적 의미는 "절반이 넘는 수" 즉, 반(50%)을 초과하는 경위에 해당하는 수를 말한다.

그런데 우리나라 헌법을 보면 조금 다르게 해석 소지가 존재한다. 우리나라 헌법 제第49條에는

"國會는 憲法 또는 法律에 특별한 規定이 없는 한 在籍議員 過半數의 출석과 出席議員 過半數의 贊成으로 議決한다. 可否同數인 때에는 否決된 것으로 본다."

라고 정함으로써 '過半數'라는 것이 可否同數가 가능한 수로 해석될 소지를 가지고 있는 것이다.

3. 관리인의 선임 신고

전유부분이 50개 이상인 건물(「공동주택관리법」에 따른 의무관리대상 공동주택 및 임대주택과 「유통산업발전법」에 따라 신고한 대규모점포등관리자가 있는 대규모점포 및 준대규모점포는 제외한다)의 관리인으로 선임된 자는 선임일부터 30일 이내에 별지 서식의 관리인 선임 신고서에 관리단집회 의사록 등 선임사실을 입증할 수 있는 자료를 첨부하여 특별자치시장, 특별자치도지사, 시장, 군수 또는 자치구의 구청장(이하 "소관청"이라 한다)에게 제출해야 한다.

4. 임시관리인 선임 등

위 설명한 바와 같이 구분소유자가 10명 이상인 경우, 관리인의 선임은 의무사항이다. 따라서 어떠한 사정(대개의 경우 분쟁이 원인임)에 의해 오랫동안 공석이 될 경우 구분소유자 등 이해관계인은 임시관리인 선임을 법원에 청구할 수 있다. 이 경우 보통은 법원(판사)가 임의의 변호사를 지정하여 임시관리인을 선임하게 된다. 이 임시관리인의 보수는 보통 법원이 정하게 되며, 선임절차 등 상세한 내용은 다음과 같다.

가. 구분소유자, 그의 승낙을 받아 전유부분을 점유하는 자, 분양자 등 이해관계인은 선임된 관리인이 없는 경우에는 법원에 임시관리인의 선임을 청구할 수 있다.

나. 임시관리인은 선임된 날부터 6개월 이내에 관리인 선임을 위하여 관리단집회 또는 관리위원회를 소집하여야 한다.

다. 임시관리인의 임기는 선임된 날부터 관리인이 선임될 때까지로 하되, 관리규약으로 정한 임기를 초과할 수는 없다. [이상 제24조의2(임시관리인의 선임 등) 참조]

5. 관리인의 권한과 의무

일반적으로 관리인의 권한과 의무는 다음과 같다. 단, 관리인의 대표권은 규약으로 일부 제한할 수 있지만, 이로써 선의의 제3자에게 대항할 수는 없다.

    가. 공용부분의 보존행위 및 공용부분의 관리 및 변경에 관한 관리단집회 결의를 집행하는 행위

    나. 공용부분의 관리비용 등 관리단의 사무 집행을 위한 비용과 분담금을 각 구분소유자에게 청구·수령하는 행위 및 그 금원을 관리하는 행위

    다. 관리단의 사업 시행과 관련하여 관리단을 대표하여 하는 재판상 또는 재판 외의 행위

    라. 소음·진동·악취 등을 유발하여 공동생활의 평온을 해치는 행위의 중지 요청 또는 분쟁 조정절차 권고 등 필요한 조치를 하는 행위

    마. 그 밖에 규약에 정하여진 행위

이 내용을 보면, 건축물의 소유에 관한 것을 제외하고는 관리인이 실질적으로 관리단 사무의 모든 것을 관장, 책임을 지며 모든 안건의 집회를 관장한다. 물론 관리규약으로 관리인의 사무를 일정 부분 제한할 수는 있지만 현실적으로는 쉽지도 않을 뿐 아니라 그러한 경우도 거의 없다. 왜냐하면 관리인의 사무를 일부 제한할 경우 책임회피의 구실만 주게 되는 경우가 허다하기 때문이다.

따라서 일반적으로는 관리인이 대내, 대외적인 관리단 사무와 관리단을 대표하는 소송행위 등을 도두 관장한다고 보아도 틀린 말이 아닐 것이다.

6. 관리인의 사무 중 보고의무 등

관리인은 통상 정기집회 등에서 한 번 이상 구분소유자에게 그 사무에 관한 보고를 하여야 한다. 법적으로 반드시 보고해야 하는 사항은 시행령에서 정하고 있는데, 그 내용은 다음과 같다.

가. 관리단의 사무 집행을 위한 분담금액과 비용의 산정방법, 징수·지출·적립내역에 관한 사항

나. 위 '가'목 외에 관리단이 얻은 수입 및 그 사용 내역에 관한 사항

다. 관리위탁계약 등 관리단이 체결하는 계약의 당사자 선정과정 및 계약조건에 관한 사항

라. 규약 및 규약에 기초하여 만든 규정의 설정·변경·폐지에 관한 사항

마. 관리단 임직원의 변동에 관한 사항

바. 건물의 대지, 공용부분 및 부속시설의 보존·관리·변경에 관한 사항

사. 관리단을 대표한 재판상 행위에 관한 사항

아. 그 밖에 규약, 규약에 기초하여 만든 규정이나 관리단집회의 결의에서 정하는 사항

자. 관리인은 정기 관리단집회에 출석하여 관리단이 수행한 사무의 주요 내용과 예산·결산 내역을 보고하여야 한다.

차. 관리인은 규약에 달리 정한 바가 없으면 월 1회 구분소유자에게 관리단의 사무 집행을 위한 분담금액과 비용의 산정방법을 서면으로 보고하여야 한다. 이 내용은 통상 관리비 고

지서를 배부할 때 첨부하여 배포하는 것이 일반적이다.

주 : 이와 같은 보고 자료의 열람을 이해관계인이 관리인에게 청구하거나 자기 비용으로 등본의 교부를 청구할 수 있고 관리인은 이를 거부하면 안 된다.

[이상 집합건물법 제26조(관리인의 보고의무 등) 및 시행령 제6조(관리인의 보고의무) 참조]

제3부 관리위원회

1. 관리위원회의 구성

관리위원회 설치는 법적 의무사항이 아니다. 따라서 특별한 사정이 있거나 집회에서 관리위원회 설치를 반대하였을 경우 관리위원회는 설치하자 않을 수도 있다.

관리위원회의 위원은 반드시 구분소유자 중에서 선출하여야 한다. 관리인은 일반적으로 관리위원을 겸하지 않는 것이 원칙이기는 하지만 관리인이 구분소유자일 경우, 관리위원의 겸직여부는 규약으로 정할 수 있다.

규약으로 관리위원회의 위원 선출에 대한 관리단집회의 결의에 관하여 달리 정하는 경우에는 구분소유자의 수 및 의결권의 비율을 합리적이고 공평하게 고려해야 할 것이다.

2. 관리위원의 임기 및 관리위원의 선출방법

가. 관리위원의 임기는 2년 이내에서 규약으로 정한다.

나. 일반적으로 관리위원회의 위원 선출은 관리단 집회의 결의
   에 의하여 선출하게 된다.

   구분소유자의 승낙을 받아 전유부분을 점유하는 자는 관리
   위원 선출에 관한 관리단집회에 참석하여 그 구분소유자의
   의결권을 행사할 수 있다. 다만, 구분소유자와 점유자가 달
   리 정하여 관리단에 통지하거나 구분소유자가 집회 이전에
   직접 의결권을 행사할 것을 관리단에 통지한 경우에는 그
   러하지 아니하다.

   관리위원회의 위원은 선거구별로 선출할 수 있다. 이 경우
   선거구 및 선거구별 관리위원회 위원의 수는 규약으로 정
   한다.

다. 관리위원회에는 위원장 1명을 두며, 위원장은 관리위원회의
   위원 중에서 관리단집회의 결의에 의하여 선출하되, 관리단
   집회의 결의에 관하여 달리 정한 경우에는 그에 따른다.

라. 관리위원회의 위원은 규약에서 정한 사유가 있는 경우에
   관리단집회의 결의에 의하여 해임할 수 있다.

3. 관리위원회 위원의 결격사유

다음 각 호의 어느 하나에 해당하는 사람은 관리위원회의 위원이 될 수 없다.

가. 미성년자, 피성년후견인

나. 파산선고를 받은 자로서 복권되지 아니한 사람

다. 금고 이상의 형을 선고받고 그 집행이 끝나거나 그 집행을 받지 아니하기로 확정된 후 5년이 지나지 아니한 사람(과실범은 제외한다)

라. 금고 이상의 형을 선고받고 그 집행유예 기간이 끝난 날부터 2년이 지나지 아니한 사람(과실범은 제외한다)

마. 집합건물의 관리와 관련하여 벌금 100만원 이상의 형을 선고받은 후 5년이 지나지 아니한 사람

바. 관리위탁계약 등 관리단의 사무와 관련하여 관리단과 계약을 체결한 자 또는 그 임직원

사. 관리단에 매달 납부하여야 할 분담금을 3개월 연속하여 체납한 사람

참고

관리인이나 관리위원의 선출방법 등에 대한 규약을 너무 복잡하게 규정할 경우, 분쟁의 소지가 발생할 가능성이 농후하다. 따라서 법률에 어긋나지만 않는다면 절차 등을 가급적 단순하게 규정하는 것이 좋다.

---

4. 관리위원회의 소집

가. 관리위원회의 위원장은 필요하다고 인정할 때에는 관리위원회를 소집할 수 있다. 하지만 다음의 경우에는 의무적으로 소집하여야 한다.

첫째, 관리위원회 위원 5분의 1 이상이 청구하는 경우

둘째, 관리인이 청구하는 경우

셋째, 그 밖에 규약에서 정하는 경우

나. 위 청구가 있은 후 관리위원회의 위원장은 청구일부터 2주일 이내의 날을 회의일로 하는 소집통지 절차를 1주일 이내에 밟아야 한다. 만약 그러하지 아니하면 소집을 청구한 사람이 관리위원회를 소집할 수 있다.

다. 관리위원회를 소집하려면 회의일 1주일 전에 회의의 일시, 장소, 목적사항을 구체적으로 밝혀 각 관리위원회 위원에게 통지하여야 한다. 다만, 이 기간은 규약으로 달리 정할 수 있으며, 관리위원회의 위원 전원이 동의하면 그러한 소집절차를 거치지 아니하고 소집할 수 있다.

5. 관리위원회의 의결방법

가. 관리위원회의 의사는 규약에 달리 정한 바가 없으면 관리위원회 재적위원 과반수의 찬성으로 의결한다.(주 : 참석위원 과반수가 아니다.)

나. 관리위원회 위원은 질병, 해외체류 등 부득이한 사유가 있는 경우 외에는 서면이나 대리인을 통하여 의결권을 행사할 수 없다. 이는 관리위원의 표결에 대한 책임한계를 분명히 하기 위함이므로 비밀투표도 허용되지 않는 것이 원칙이다.

따라서 부득이한 사유로 서면이나 대리인을 통하여 의결권을 행사할 경우에는 미리 사전에 그 사유를 증명하는 서면을 위원장에게 제출하여야만 할 것이다.

참고

관리위원의 수가 많지 않을 경우는 가급적 홀수의 관리위원으로 구성하는 것도 운영 방의 요령이다. 왜냐 하면 재적위원 과반수찬성으로 의결되는 특상상 가.부 동수를 방지할 수 있기 때문이다.

---

6. 관리위원회의 운영

가. 관리위원회는 관리위원장이 주재한다. 다만 관리위원장이 주재하지 않을 경우에는 다음의 순서에 의해 회의를 주재할 권한을 가지게 된다.

    a. 관리위원회의 위원장이 지정한 관리위원회 위원

    b. 관리위원회의 위원 중 연장자

나. 관리위원회 회의를 주재한 자는 관리위원회의 의사에 관하여 의사록을 작성·보관하여야 하며, 이해관계인은 제2항에 따라 관리위원회의 의사록을 보관하는 자에게 관리위원회 의사록의 열람을 청구하거나 자기 비용으로 등본의 발급을 청구할 수 있다.

참고

일반적으로, 관리인은 집회를 소집하기 전, 안건을 심의하기 위하여 관리위원장에게 관리위원회 소집을 요구할 수 있다.

---

7. 관리위원회 의사록

가. 관리위원회 회의를 주재한 자는 관리위원회의 의사에 관하여 의사록을 작성·보관하여야 한다.

의사록에는 결의에 대한 각 구분소유자의 찬반 의사를 적어야 하며, 의사의 경과와 그 결과를 적고 의장과 구분소유자 2인 이상이 서명 날인하여야 한다.

나. 이해관계인은 제2항에 따라 관리위원회의 의사록을 보관하는 자에게 관리위원회 의사록의 열람을 청구하거나 자기 비용으로 등본의 발급을 청구할 수 있다.

참고

일반적으로 관리위원장은 무보수인 경우가 많고, 법정철자를 제대로 밟는 능력 있는 경우가 많지 않다. 따라서 대개의 경우 전문지식 있는 관리인이 하나부터 열까지 보조해주는 것이 현실이다.

제4부 회계감사

1. 회계감사대상 건물의 범위 1(전유부분이 150개 이상인 건물)

　일반적으로 소규모 집합건물 관리단의 경우는 감사인 감사(「주식회사 등의 외부감사에 관한 법률」제2조제7호에 따른 감사인, 이하 '감사인'이라 칭한다)를 받아야할 의무는 없다. 하지만 일정정도 규모 이상의 관리단은 매년 1회 이상 감사인 감사를 받아야 한다. 이러한 감사인 감사를 받아야할 의무가 있는 관리단은 전유부분이 150개 이상으로서 다음의 조건에 해당하는 관리단을 말한다.

　　가. 직전 회계연도에 구분소유자로부터 징수한 관리비(전기료, 수도료 등 구분소유자 또는 점유자가 납부하는 사용료를 포함한다. 이하 이 조에서 같다)가 3억원 이상인 건물

　　나. 직전 회계연도 말 기준으로 적립되어 있는 수선적립금이 3억원 이상인 건물

2. 회계감사대상 건물의 범위 2(전유부분이 50개 이상 150개 미만 건물)

전유부분이 50개 이상 150개 미만으로서 다음에 열거한 건물의 관리인은 구분소유자의 5분의 1 이상이 연서하여 요구하는 경우에는 감사인의 회계감사를 받아야 한다. 이 경우 구분소유자의 승낙을 받아 전유부분을 점유하는 자가 구분소유자를 대신하여 연서할 수 있다.

직전 회계연도를 포함하여 3년 이상 감사인의 회계감사를 받지 않은 건물로서

① 직전 회계연도에 구분소유자로부터 징수한 관리비가 1억원 이상인 건물

② 직전 회계연도 말 기준으로 적립되어 있는 수선적립금이 1억원 이상인 건물

3. 감사인의 선정방법 및 회계감사의 기준 등

① 구분소유자 150개의 건물 중 회계감사를 받아야 하는 관리인은 매 회계연도 종료 후 3개월 이내에 해당 회계연도의 회계감사를 실시할 감사인을 선임해야 한다. 이 경우 해당 건물에 관리위원회가 구성되어 있는 경우에는 관리위원회의 결의를 거쳐 감사인을 선임해야 한다.

② 구분소유자 150개의 건물 중 회계감사를 받아야 하는 관리인은 소관청 또는 「공인회계사법」 제41조에 따른 한국공인회계사회에 감사인의 추천을 의뢰할 수 있다. 이 경우 해당 건물에 관리위원회가 구성되어 있는 경우에는 관리위원회의 결의를 거쳐 감사인의 추천을 의뢰해야 한다.

③ 구분소유자 150개 또는 전유부분이 50개 이상 150개 미만으로서 회계감사를 받아야 하는 관리인은 매 회계연도 종료 후 9개월 이내에 다음 각 호의 재무제표와 관리비 운영의 적정성에 대하여 회계감사를 받아야 한다.

가. 재무상태표

나. 운영성과표

다. 이익잉여금처분계산서 또는 결손금처리계산서

라. 주석

4. 회계감사의 결과 보고

① 구분소유자 150개 또는 전유부분이 50개 이상 150개 미만으로서 회계감사를 받아야 하는 관리인은 감사보고서 등 회계감사의 결과를 제출받은 날부터 1개월 이내에 해당 결과를 구분소유자 및 그의 승낙을 받아 전유부분을 점유하는 자에게 서면으로 보고해야 한다.

② 제1항의 보고는 구분소유자 또는 그의 승낙을 받아 전유부분을 점유하는 자가 관리인에게 따로 보고장소를 알린 경우에는 그 장소로 발송하고, 알리지 않은 경우에는 구분소유자가 소유하는 전유부분이 있는 장소로 발송한다. 이 경우 제1항의 보고는 통상적으로 도달할 시기에 도달한 것으로 본다.

③ 제2항에도 불구하고 구분소유자 150개 또는 전유부분이 50개 이상 150개 미만으로서 회계감사를 받아야 하는 관리인의 보고의무는 건물 내의 적당한 장소에 회계감사의 결과를 게시하거나 인터넷 홈페이지에 해당 결과를 공개함으로써 이행할 수 있음을 규약으로 정할 수 있다. 이 경우 제1항의 보고는 게시한 때에 도달한 것으로 본다.

5. 법적 회계감사 의무 없는 관리단의 감사

　법적으로 회계감사의무가 없는 관리단의 경우, 감사에 관한 내용은 규약으로 정하는 것이 보통이다. 이러한 경우에도 외부 감사인 감사를 받도록 할 수도 있지만, 대개의 경우는 효율성 등의 이유로 관리위원회가 감사를 대신하고 있다.

제5부 관리인의 일상적 사무

1. 일상적 건물관리사무의 위임

통상 정기적이고 일상적인 사무로서 건물의 유지, 보수 및 관리에 관한 사무는 일반적으로 건물관리사무소장에게 위임하게 된다. 이때 관리사무소장의 선임은 직영관리일 경우 관리인이 선임, 채용하게 되며 위탁관리일 경우에는 관리회사에서 파견된 관리사무소장이 사무를 담당하게 된다. 그렇다고 해서 관리사무소장의 관리책임이 관리인에게서 없어지는 것은 아니므로 감시.감독을 한시도 게을리 하여서는 아니될 것이다.

관리사무소장에게 위임하는 건물관리사무는 통상 자체적으로 모든 인력을 채용하여 관리단에서 직접 처리하는 직영건물관리 방식과 전문용역업체에 건물관리를 맡겨 수행하도록 하는 위탁건물관리 방식이 있다.

참고

일반적으로 건물관리용역업체는 상당한 전문성을 가지고 있는 것으로 생각하기도 하지만 실상을 그러하지 못한 경우가 많다.

---

2. 관리단 직영 건물관리

① 이 방식은 관리단에서 관리인이 모든 인사권을 가지고 관리사무소장을 포함한 모든 직원들을 채용, 업무를 수행하도록 한다. 뿐만 아니라 직접 처리할 수 없는 전문 기술적 사무에 관하여는 특별한 자격증을 소지한 기술전문업체와 분야별로 용역을 주어 계약, 수행토록 하기도 한다.

이러한 전문기술용역사무는 일반적으로 다음과 같은 것들이 있다.

가. 전기기술용역

나. 승강기기술용역

다. 소방기술용역

라. 환경기술용역

마. cctv기술용역

바. 세무회계 용역

위와 같은 전문기술용역사무 외에 가장 많은 관리비가 지출되는 분야는 인건비와 관련된 비용이 있다. 즉, 관리인 등 임원과 직원들의 급여 및 퇴직금 등, 후생복리비, 피복비 등을 한데 묶어 '일반관리비'라는 항목으로 처리하게 된다.

그 외 수선유지비, 소모품비, 전기, 통신, 수도료 및 기타 비용은 그때그때 지출하고 이러한 모든 비용을 한데 묶어 매월 관리비라는 명복으로 각 구분소유자들에게 청구, 징수하게 된다.

② 이러한 관리비 등의 비용 부과(분담) 방식은 규약으로 다르게 정하지 않는 한 전유면적의 비율로 나누어 부과하게 된다.

이와 같이 건물관리에 관한 비용의 분담방식과 부과금액 등은 고지서를 각 구분소유자들에게 배포할 때 매월 함께 보고하여야 한다.

③ 관리비 등 비용지출 등에 관하여는 실제로 매월 각 구분소유자들에게 보고하지 않는 것이라 하더라도 영수증 등 그 근거를 첨부하여 보관하여야 하며, 각 이해관계인이 열람, 복사를 요구할 경우 이해관계인의 비용으로 열람, 복사를 해 주어야 한다.

3. 전문업체 위탁 건물관리

① 건물의 유지, 보수 및 관리 등 건물관리 일체를 외부에 용역을 주어 맡기는 전문업체 위탁 건물관리 방식도 있으며 이 방식이 가장 일반적이라 할 수 있다. 그렇다고 해서 그 관리에 대한 관리인의 모든 책임이 면책되는 것은 아니므로 항상 감시와 감독을 게을리 하여서는 안 된다.

② 건물관리를 전문업체에 위탁 할 경우, 그 위탁의 사무와 비용의 범위, 규모 등은 계약에 따라 달리 정할 수 있다. 직원들의 채용부터 회계까지 모든 것을 일임하는 경우 그 직원들은 위탁 전문업체 소속으로서 아웃소싱의 형태를 취하기 때문에 직원들의 사고로 인한 부상 등에 대하여도 관리단은 어느 정도 자유로울 수 있는 장점이 있다.

③ 반면에 수탁업체가 자신의 이익을 극대화하기 위하여 수준 낮은 직원들을 채용하여 운영하는 등의 단점도 존재할 수 있다. 특히 장가수선충당금을 수시로 전용하여 사용함으로써 불필요한 공사를 유발하는 경우가 발생하기도 한다.

하지만 장기수선충당금의 전용이나 사용은 관리단 자산의 감소를 유발하는 매우 중요한 문제로서 함부로 이를 전용 또는 사용할 경우, 법적인 책임문제가 발생할 수 있으므로 사전에 집회를 열어 구분소유자들의 동의를 구하여야만 할 것이다. 관리비 지출과 장기수선충당금의 지출은 근본적으로 다른 문제이다.

4. 관리사무소장 사무의 감독

관리인은 관리사무소장이 관장하는 다음과 같은 통상적 사무를 항상 감독하고 보고를 받아야 한다.

① 업무일지 결재, 기안서류 결재, 사무보고에 대한 적정 여부 판단

② 특히 관리사무소장의 사무 중 일정액수 이상의 비용이 지출되거나 향후 건물의 편익과 안전에 적지 않은 영향이 미치는 사무의 집해에 대하여는 먼저 결재 후 집행을 할 수 있도록 하는 것도 위임사무에 대한 감독의 한 방법일 수 있다.

5. 특별(장기)수선충당금

① 관리단은 규약 또는 관리단집회 결의에 따라 건물이나 대지 또는 부속시설의 교체 및 보수에 관한 수선계획을 수립할 수 있고, 수선적립금(이하 '수선적립금'이나 '특별수선충당금' 또는 '장기수선충당금'이라 칭한다)을 징수하여 적립할 수 있다. 수선적립금은 구분소유자로부터 관리비와 구분하여 징수하며 관리단에 귀속된다. 편의상 점유자(임차인)으로부터 부과 징수하더라도 추후 그 금액을 점유자에게 지급해야 한다.

② 관리단은 규약에 달리 정한 바가 없으면 수선적립금을 다음 각 호의 용도로 사용하여야 한다.(원칙)

   1. 제1항의 수선계획에 따른 공사
   2. 자연재해 등 예상하지 못한 사유로 인한 수선공사
   3. 제1호 및 제2호의 용도로 사용한 금원의 변제

③ 장기수선계획에는 다음 각 호의 사항이 포함되어야 한다.

   1. 계획기간
   2. 외벽 보수, 옥상 방수, 급수관 · 배수관 교체, 창 · 현관문 등의 개량 등 수선대상 및 수선방법
   3. 수선대상별 예상 수선주기
   4. 계획기간 내 수선비용 추산액 및 산출근거
   5. 수선계획의 재검토주기
   6. 수선적립금의 사용절차
   7. 그 밖에 관리단집회의 결의에 따라 수선계획에 포함하기로 한 사항

④ 수선적립금은 통상 구분소유자의 전유면적 지분 비율에 따라

산출하여 징수하되 규약이나 집회결의로 달리 정할 수 있으며, 관리단이 존속하는 동안 매달 적립다. 이 경우 분양되지 않은 전유부분의 면적 비율에 따라 산출한 수선적립금 부담분은 분양자가 부담한다.

⑤ 수선적립금은 은행 또는 우체국에 관리단의 명의로 계좌를 개설하여 예치해야 하며, 개인명의 등 다른 명의로 예치하거나 현금 등으로 보관하여서는 아니된다.

주:

수선충당금은 그 용도를 엄격하게 제한하고 있으므로 수선유지비를 함부로 관리비 등 기타 용도로 무단 전용할 경우, 사기죄나 횡령죄로 처벌받을 수도 있으므로 주의해야 한다.

제6부. 정기 관리단 집회

1. 정기집회 보고사항

관리인의 가장 중요한 사무 중 하나가 집회에 관한 사무이다. 대체적으로 모든 관리단 사무의 분쟁은 그 원인이 집회에 관한 사무처리를 명확, 적법하게 처리하지 않은 것에서 발생하기 때문이다.

따라서 집회에 관하여는 한 치의 흠결도 없이 모든 절차를 적법, 정당, 투명하게 꼼꼼히 처리하여야만 할 것이며, 이는 백번을 강조해도 지나친 말이 아니다.

관리인은 매년 회계연도 종료 후 3개월 이내에 정기 관리단집회를 소집하여야 한다.

관리인은 정기 관리단집회에 출석하여 관리단이 수행한 사무의 주요 내용과 예산·결산 내역을 보고하여야 한다. 구체적 정기집회 보고사항은 다음과 같으며, 이는 규약으로 달리 정할 수 있다.

가. 관리인 및 관리위원 명단

나. 관리단의 각종 통장잔고

다. 직전연도 결산서(재무상태표)

라. 직전연도 항목별 관리비 부과내역 조견표

마. 직전연도 중요 공사내역

바. 당해연도 중요사업계획

사. 관리단 통장(관리비, 특별수선충당금)사본

아. 기타 중요한 사건, 사무의 결과

2. 정기집회 안건

위와 같은 정기집회에는 정기 보고사항 외에도 임시 관리단 집회에서 논의하는 안건을 부가 하여 정기집회 안건으로 상정할 수도 있다. 그 안건에 대하여는 임시 관리단 집회 개최에 따른 소집절차 등을 모두 정확하게 거쳐야만 한다.

참고

일반적으로 단순 보고사항의 정기집회의 경우, 소집을 하여도 성원이 충족되는 경우가 별로 없기도 하다. 하지만 정기집회의 절차는 반드시 거쳐야 하며, 비록 성원이 충족되지 않는다 하더라도 소집통보 시 모든 안건과 자료를 구분소유자 및 이해관계인들에게 배포하는 것이 옳다.

제7부 임시 관리단 집회

관리단을 운영하다보면 수시로 집합건물법 또는 규약으로 관리인에게 위임한 사항 외에 전체 구분소유자들의 의견을 물어 결정하여야 하는 경우가 발생한다. 이렇게 전체 구분소유자들의 의견을 들어 결정하게 되는 절차가 바로 임시관리단 집회인 것이다. 직전 회계연도의 사무를 보고하는 형식의 법정 정기 관리단 집회와는 구분된다.

일반적으로 관리인에게 위임된 통상의 사무 외에는 모두 관리단 집회의 결의를 거쳐 집행하는 것이라고 생각하면 된다. 관리규약에서 정한 일정 규모 이상의 지출 또한 임시관리단 집회를 거쳐야 하는 것이다.

이러한 절차 없이 관리인이 임의로 결정하여 집행할 경우, 관리인 해임사유가 될 수도 있다.

1. 집회의 안건

① 관리인 등이 집회를 열고자 할 경우에는 집회를 열어 결정해야 할 안건이 있어야 한다. 안건이 있고 관리위원회가 설치되어 있을 경우, 관리인 등 집회를 열고자 하는 자(대부분의 경우는 '관리인'이 주관한다)는 그 안건에 관하여 관리규약에 따라 관리위원장에게 안건에 관한 심의를 위해 관리위원회 개최를 요청하여야 한다. 설령 규약에 안건심의를 받지 않아도 된다고 되어 있더라도 추후 분쟁의 소지를 없애기 위해 관리인은 통상 관리위원회에 요청을 하는 것이 일반적이고 합리적이다.

② 관리위원회 소집통지를 받은 관리위원장은 안건을 심의하기 위하여 규약의 절차에 따라 관리위원회를 소집, 개최하고 그 결과를 관리인에게 통지하게 될 것이다. 이 결과의 통지를 받은 관리인은 관리단 집회절차에 들어가게 된다.

③ 만약 관리위원회의 안건심의결과 집회안건으로 확정되는 경우는 물론이거니와 설령, 부결되더라도 관리인이 판단하기에 관리단 집회를 열어야만 한다고 판단될 경우는 결과여부에 관계없이 관리단 집회를 소집할 수 있다.

2. 집회의 소집통지

① 관리인 또는 관리위원을 선출할 경우, 사전에 규약에 따른 후보 모집공고(이하 '사전공고'라 약칭한다.)를 충분한 기간 하여야 한다. 사전공고는 각 구분소유자 및 이해관계인들에게 서면통지를 하고 규약에서 정한 건물 내 게시판 등에 게시를 하는 것이 일반적이다. 이러한 절차는 모두 사진을 찍어 두는 등 자료를 남겨야 추후 분쟁거리를 줄일 수 있다. 특히 관리인 후보 모집공고의 자료 보관은 매우 중요하다.

② 사전공고 등이 완료되고 안건이 모두 확정되면 관리위원장에게 안건심의를 구하는 등의 관리위원회 소집을 요청한다.

③ 관리위원장으로부터 안건심의를 거쳤다는 통지를 받으면 즉시 구분소유자들 및 이해관계인 등에게 집회소집 서면통지를 하고 동시에 건물 내 적절한 곳에 게시를 한다.

규약에 건물 내 적절한 곳에 게시를 함으로써 소집통지를 갈음한다. 라는 규정이 있다 하더라도 이 두 가지 방법으로 모두 통지하는 것이 분쟁예방을 위해 가장 안전하다.

④ 구분소유자 등에게 우편으로 통지를 할 경우에는 반드시 등기우편을 통하여야 하며 영수증 등에 받는 자의 주소와 이름이 나오도록 하여야 한다. 반송되어 올 경우, 주소를 다시 확인하여 재발송하거나 소재불명 등의 자료를 확보, 보관하여야 한다.

⑤ 소집통지서에는 안건 및 그에 대한 설명 등과 함께 서면에 의해 표결하기를 원하는 구분소유자께서는 서면에 의해 표결할

수 있는 표결지도 함께 동봉하여 몇 년 몇 월 며칠까지 도착하여야만 유효하다는 내용도 알려야 할 것이다.

⑥ 대리인을 통해 표결을 원할 경우, 위임장 등 필요한 구비서류도 함께 알려주어야 한다.

3. 집회의 개최

① 관리인 등의 의장은 개회를 선언하고 회의 질서를 위한 안내와 함께 소집통보 시 정해진 안건을 설명한다. 회의 진행 순서나 방법에 대하여도 미리 설명하는 것이 질서를 위해서도 좋다.

이때 안건은 구분소유자 등 전원의 동의를 구하지 않는 한 기통지한 안건 외에 다른 안건을 추가할 수 없다.

② 녹음을 원하는 자가 있을 경우, 의장의 승낙과 감독 하에 녹음을 허용하되 편집 등을 예방하기 위하여 일정 기간 내에 녹음매체와 함께 녹취록을 제출하여야 한다는 조건을 부여하는 것이 좋다.

③ 토론 등을 마치면 의장은 미리 준비된 표결지를 배포하여 표결을 실시하여야 한다. 표결을 마치게 되면 이를 서면에 의해 행사한 표결지와 함께 종합하여 표결 통계를 작성, 그 결과를 발표하고 폐회를 선언한다.

4. 집회의 결과 발표 및 의사록 작성 방법

① 집회결과는 이미 집회과정에서 발표를 하였지만, 더욱 널리 알리기 위하여 건물 내 적절한 게시판에 시행하게 될 날짜와 함께 서면으로 게시한다. 이 또한 사진 등을 찍어 보관함을 잊지 말아야 할 것이다.

② 집회결의가 되었을 경우, 의장은 의사록을 작성하여야 한다.

그런데 집회에 있어 가장 허술하게 작성되는 문서 중 하나가 의사록이다. 이는 지자체 등에서 발간한 집합건물법 해설서에서도 그 방법에 대하여 너무나 조잡할 정도로 기술하고 있어 더욱 그러하다.

하지만 의사록을 지나치게 조잡하게 작성하거나 엉터리로 작성할 경우 이로 인하여 새로운 분쟁이 발생하기도 한다. 따라서 의사록은 집회진행상황과 결의 과정을 어느 정도 구체적으로 기술하여 둘 필요가 있으며, 그 구체적 내용은 다음과 같다.

첫째, 의사록에는 기본적 사항인 집회의 날짜와 시간, 장소, 안건 등을 구체적으로 적어야 한다.

둘째, 의장의 개회선언과 안건설명에 대한 내용이 포함되어야 한다.

셋째, 발언내용 중 중요한 사항은 발언자의 발언내용, 토의 결과 등에 대하여도 밝혀야 한다.

넷째, 회의도중 질서를 어기고 지나치게 집회를 방해하는 자에 관하여도 그 사람과 행위 등에 관하여 기록해 둘 필요가 있다.

다섯째, 토론을 마치고 표결에 이르는 과정, 결의에 대한 각 구분소유자의 찬반 의사를 간략하게라도 적어야 하며, 그 결과의 발표와 폐회선언 등도 명확하게 적어야 한다.

여섯째, 집회를 주재한 자는 집회의 결과에 관하여 의사록 작성 후 구분소유자 2명 이상의 서명날인을 받아 보관하여야 한다.

5. 의결 정족수 및 참가자격

집합건물법에서는 특이하게 각 안건마다 의결 정족수 및 참가 자격을 달리 규정하고 있다.

참고

'**점유자**' : 구분소유자의 승낙을 받아 전유부분을 점유하는 자. 점유자는 통상의 집회에 참석하여 그 구분소유자의 의결권을 행사할 수 있다. 다만, 구분소유자와 점유자가 달리 정하여 관리단에 통지한 경우에는 그러하지 아니하며, 구분소유자의 권리·의무에 특별한 영향을 미치는 사항을 결정하기 위한 집회인 경우에는 점유자는 사전에 구분소유자에게 의결권 행사에 대한 동의를 받아야 한다.

'**통상의 집회**' : 일반적으로 구분소유자 수 및 의결권 과반수 찬성으로 결의되는 집회를 말한다.

---

① 통상의 집회

　　의결정족수 : 구분소유자 수 및 의결권 과반수 찬성

　　참가자격 : 구분소유자 또는 점유자

② 공용부분의 변경

　　의결정족수 : 구분소유자 수 및 의결권 3분의 2 찬성

　　참가자격 : 구분소유자

　　* 이 경우, 공용부분의 변경이 다른 구분소유자의 권리에 특별한 영향을 미칠 때에는 그 구분소유자의 승낙을 받아야 한다.

③ 회계감사를 받지 아니하기로 하는 결의(전유부분이 150개 이상 건물)

의결정족수 : 구분소유자 수 및 의결권 3분의 2 찬성

참가자격 : 구분소유자 및 점유자

④ 관리규약의 설정, 변경, 폐기

의결정족수 : 구분소유자 수 및 의결권 4분의 3 찬성

참가자격 : 구분소유자

⑤ 심각한 의무위반 구분소유자의 일정기간 전유부분 사용금지를 법원에 청구(심각한 의무위반자)

의결정족수 : 구분소유자 수 및 의결권 4분의 3 찬성

참가자격 : 구분소유자

* 이 경우 미리 해당 구분소유자에게 변명할 기회를 주어야 한다.

⑥ 건물의 노후화 억제 또는 기능 향상 등 목적으로 구분소유권 및 대지사용권의 범위나 내용에 변동을 일으키는 공용부분의 변경

의결정족수 : 구분소유자 수 및 의결권 5분의 4 찬성

참가자격 : 구분소유자

⑦ 재건축 결의

의결정족수 : 구분소유자 수 및 의결권 5분의 4 찬성

참가자격 : 구분소유자

6. 규약 및 집회의 결의의 효력

① 규약 및 관리단집회의 결의는 구분소유자의 특별승계인에 대하여도 효력이 있다.

② 점유자는 구분소유자가 건물이나 대지 또는 부속시설의 사용과 관련하여 규약 또는 관리단집회의 결의에 따라 부담하는 의무와 동일한 의무를 진다.

제8부 서면 등에 의한 합의

지금까지 설명한 바와 같이 관리단의 사무 중 집합건물법 또는 규약으로 관리인에게 위임한 사항 외에는 관리단집회의 결의에 따라 수행하는 것이 원칙이다.

하지만 집회를 소집, 결의하지 않고서도 집회를 열어 결의의 결과를 얻는 것과 같은 효과를 얻는 방법이 있는바, 바로 '서면의 의한 합의' 또는 '서면 또는 전자적 방법에 의한 결의(이하 '서면의 의한 합의'라 약칭한다.)' 방식이다. 이는 집회에서 서면에 의해 의결권을 행사하는 것과는 근본적으로 다른 것이다.

1. '서면의 의한 합의'의 방법

① '서면의 의한 합의'는 집회 결의와는 다르게 전체 구분소유자 수의 5분의4 및 의결권(통상 '전유면적'을 말함)의 5분의 4를 충족하여야만 집회에서 결의가 있는 것으로 보는 것이다.

② '서면의 의한 합의'의 시작, 종결 날짜 등은 정하지 않아도 된다. 하지만 구분소유자들이 서면에 의한 합의의 구체적 내용을 충분히 인식하고 그 합의에 이르렀다는 사정이 인정될 수 있도록 안건의 내용 등을 구체적으로 구분소유자들에게 알려주어야만 할 것이다.

다만 합의 정족수인 전체 구분소유자 수의 5분의4 및 의결권(통상 '전유면적'을 말함)의 5분의 4를 충족하기만 하면 종결할 수 있고, 이때 집회의 결의가 있는 것으로 보는 것이다.

③ '서면의 의한 합의'가 완성되면 그 결과를 구분소유자 등에게 통지하고 건물 내 적당한 것에 게시하여야 하며. 집회 의사록과 마찬가지로 합의의 결과록을 작성, 구분소유자 2인 이상의 서명을 받아 보관하여야 한다.

④ '서면의 의한 합의'의 안건이 콘도미니엄업의 운영을 위한 휴양 콘도미니엄의 공용부분 변경에 관한 사항인 경우는 합의 정족수를 구분소유자 수 및 의결권 모두 과반수로 한다.

2. '서면의 의한 합의'의 대법원 판례

'서면의 의한 합의'에 대하여는 집합건물법에서 그 처리방법 등에 대하여 구체적으로 정하지 않고 있어 많이 어려워 하고 있다. 따라서 이런 경우 다음과 같은 대법원의 판례를 살펴볼 필요가 있다.

"집합건물법 제41조 제1항은 관리단집회에서 결의할 것으로 정해진 사항에 관하여 구분소유자 및 의결권의 각 5분의 4 이상의 서면이나 전자적 방법 등에 의한 합의가 있는 때에는 관리단집회의 결의가 있는 것으로 본다고 규정하고 있다. 그런데 집합건물법은 서면에 의한 합의의 절차, 합의서·결의서의 형식 및 내용 등에 관하여 아무런 제한을 두고 있지 않으므로, 구분소유자들이 서면에 의한 합의의 구체적 내용을 충분히 인식하고 그 합의에 이르렀다는 사정이 인정된다면 그 합의는 유효하다고 할 것이다.*(대법원 2014.9.4. 선고 2013두25955 판결 참조)*"

위 판례를 보면, '서면의 의한 합의'가 어떠한 형식이나 절차가 없어도 되는 것으로 판시하고 있다.

하지만 실무에서는 결과록 작성 등을 결코 게을리 하여서는 안 될 것이며, 그럴 경우 새로운 분쟁의 소자가 발생할 수 있다는 점을 꼭 명심하여야 할 것이다.

참고

흔히 팩스, 이메일 등으로 표결지를 작성하여 의장에게 제출하는 것을 '전자적 방법에 의한 결의'로 혼동하는 경우가 예상외로 많다. 하지만 이메일이나 팩스는 인정되지 않으며, '전자적 방법에 의한 결의'란 전자정보 시스템을 갖춘 상태에서 시스템에 의해 표결하는 방식을 말한다. 따라서 이는 시스템을 설치해야 하는 등의 이유로 거의 사용되지 않고 있어 이에 대한 설명은 생략한다.

제9부 결의 취소의 소

관리단의 관리인은 통상의 사무 외에는 집회결의로 구분소유자의 뜻을 물어 결정하고 그 결과에 따라 사무를 수행한다. 하지만 구분소유자는 그 결의에 불만을 있을 경우 결의를 무력화시키고자 한다면 법원에 **첫째, 결의 무효의 소**, **둘째 결의 취소의 소**를 제기하는 방법이 있다. 집합건물법에서는 제42조의2(결의취소의 소)에 다음과 같이 규정하고 있다. 즉,

> "구분소유자는 다음 각 호의 어느 하나에 해당하는 경우에는 집회 결의 사실을 안 날부터 6개월 이내에, 결의한 날부터 1년 이내에 결의취소의 소를 제기할 수 있다.
>
> 1. 집회의 소집 절차나 결의 방법이 법령 또는 규약에 위반되거나 현저하게 불공정한 경우
> 2. 결의 내용이 법령 또는 규약에 위배되는 경우"

1. 집회 무효 사유와 결의 취소의 사유

그런데 위 규정은 너무 추상적이라 비 법률전문가인 일반인들이라면 실제 어느 정도의 중한 위반이 결의 취소의 대상이고 어떤 경우 무효인가가 명확하지 않다. 따라서 이 경우 대법원 판례를 참고하는 것이 이해의 도움이 된다.

> 집합건물법이 결의취소의 소를 도입한 것은, 관리단집회 결의의 하자에 대하여는 소집절차나 결의방법, 결의내용의 하자인지 여부를 구분하지 않고, 그 하자가 경미한 경우에는 결의취소의 소를 통해서만 다툴 수 있도록 함으로써 관리단집회 결의의 효력을 조속히 확정하여 구분소유자들 사이의 법률관계 안정을 도모하되, 그 하자가 결의를 무효로 돌릴 정도의 절차상 또는 내용상 중대한 하자에 해당하는 경우에는 종전과 같이 제소기간의 제한 없이 일반 민사상 무효확인의 소를 통해 결의무효확인을 구하거나 다른 법률관계에 관한 소송에서 선결문제로서 무효를 주장할 수 있도록 함으로써 구분소유자의 권리를 보장하고자 함에 있는 것으로 보인다.*(대법원 2021. 1. 14. 선고 2018다273981 판결 참조).*

위 판례를 자세히 보면, 일단 정당한 소집권자에 의해 집회가 이루어졌다면, 이는 무효라 할 수 없고 결의 취소의 소의 사유에 해당한다. 라고 보는 상법과는 상당한 차이가 있다. 즉, 집합건물법에서는 **관리단집회 결의의 하자에 대하여는 소집절차나 결의방법, 결의내용의 하자인지 여부를 구분하지 않고, 그 하자가 경미한 경우에는 결의취소의 소를 통해서만 다툴 수 있도록 하고, 그 하자가 중대한 경우에는 제소(제척)기간에 관계 없이 민법의 무효의 사유로 보는 것이다.**

참고
무효 : 원천적으로 당초부터 효력이 없는 것을 말한다.
취소 : 취소가 확정되면 소급하여 무효가 된다.

2. 결의 취소의 소 제척기간

집합건물법 제42조의2(결의취소의 소)에서는

"집회 결의 사실을 안 날부터 6개월 이내에, 결의한 날부터 1년 이내에 결의취소의 소를 제기할 수 있다."

라며 제소기간을 제척기간으로 규정하고 있다. 따라서 결의 취소의 소를 제기할 경유라면 어떤 경우에도 집회 결의 사실을 안 날부터 6개월 이내에, 결의한 날부터 1년 이내에 소를 제기하여야 하며, 만약 그러하지 않고 도과 이후 소를 제기한다면 각하를 면할 수 없을 것이다.

다만, 무효확인의 소의 경우는 원천적으로 무효를 다투는 것이므로 제소기간에는 제한이 없다.

제척기간

'제척기간'의 경우, 규정된 기간을 도과해버리면 어떠한 경우에도 이의를 제기할 수 없다. 여기에는 본인의 책임 없는 사유가 있었다 하더라도 허용되지 않는다.

---

3. 흠결의 치유(추인결의)

집합건물 관리단 집회도 결국 사람이 하는 일이라 경우에 따라서는 본의 아니게 실수를 할 수가 있다. 하지만 그 실수가 무효사유가 되는 경우는 물론이고 결의취소 사유가 되었다 하더라도 심각한 문제가 아닐 수 없다.

하지만 집합건물법에서는 추인결의라는 집회결의를 통하여 과거의 중대한 하자가 있는 집회결의를 치유할 수 있는 방법이 존재한다. 바로 추인결의다. 대법원에서는 이 추인결의에 대하여 매우 폭넓게 그 효력을 인정하고 있다. 그 판시내용을 간략하게 설명하면 다음과 같다. 즉,

"관리단의 관리단집회에서 임원선임결의가 있은 후 다시 개최된 관리단집회에서 위 종전 결의를 그대로 인준하거나 재차 임원선임결의를 한 경우에는, 설령 당초의 임원선임결의가 무효라고 할지라도 다시 개최된 위 관리단집회의 결의가 하자로 인하여 무효라고 인정되는 등의 특별한 사정이 없는 한, 종전 임원선임결의의 무효확인을 구하는 것은 과거의 법률관계 내지 권리관계의 확인을 구하는 것에 불과하여 권리보호의 요건을 결여한 것이다. 이 경우 새로운 관리단집회가 무효인 당초의 관리단집회 결의 후 새로 소집권한을 부여받은 관리인에 의하여 소집된 것이어서 무권리자에 의하여 소집된 관리단집회라는 사유는 원칙적으로 독립된 무효사유로 볼 수 없다. 만일 이를 무효사유로 본다면 당초의 임원선임결의의 무효로 인하여 연쇄적으로 그 후의 결의가 모두 무효로 되는 결과가 되어 법률관계의 혼란을 초래하고 법적 안정성을 현저히 해하게 되기 때문이다 *(대법원 2012.1.27. 선고 2011다69220 판결 참조)*."

위 판시 내용을 보면, 종전의 결의가 결의취소사유뿐만 아니라 무효사유가 있었다 하더라도 추후에 그 결의를 추인하는 결의가 있었다면, 종전의 결의는 치유된다고 보는 것이다.

다만, 이 경우에도 추인결의가 무효나 취소사유에 이를 정도로 흠결이 있어서는 안 될 것임을 두말할 필요가 없다. *(대법원 2012. 1. 27. 선고 2011다69220 판결 참조).*

제10부 각종 서식의 예

집합건물법에서는 관리단에서 시용되는 특별한 서식을 규정하지 않는다. 그럼에도 불구하고 관리단 사무처리 시 서식이나 내용이 미흡할 경우, 분쟁의 빌미를 제공하기도 하며 분쟁 시 소송에서 승패의 원인이 되기도 하므로 결코 가벼이 다룰 문제가 아니다.

따라서 이 부에서는 관리단 사무를 처리할 때 사용되는 임의의 서식을 예를 올린다. 각 관리단은 실정에 맞게 수정, 추가하여 사용하면 될 것이다.

그 외 세세한 양식 등은 [부록 3] 서울시 상가 집합건물 표준규약에 첨부되어 있으므로 여기서는 생략한다.

1. 관리단 관리인(대표) 모집공고

20 yy년도 XX관리단
관리인 및 관리위원 후보 모집공고

현 관리인 및 관리위원들의 임기가 20yy. mm. dd. 만료되므로 20yy. mm. dd. ~ 20yy. mm. dd. 임기의 엔타워 관리인 및 관리위원 후보를 아래와 같이 모집합니다.

아래

1. 기간 및 접수장소 : 20yy. mm. dd. 18:00까지 XX 관리사무소

2. 후보자격
   가. 관리인 : 관리규약 제53조(관리인의 자격)의 규정에 저촉되지 않는 자로서 집합건물법을 이해하고 관리단을 운영할 능력이 있는 자
   나. 관리위원 : 공고일 현재 XX 구분소유자로서 관리규약 제53조(관리인의 자격) 및 제63조(관리위원회 위원의 자격 등)의 규정에 저촉되지 않는 자

3. 제출서류 : 신청서(관리인에게 직접 구두로 신청해도 무방함) 또는 추천서.

4. 참고사항 : 위 기간까지 응모한 자는 관리위원회의 심의를
   거쳐 관리단 집회로 선출함. 단 후보자가 1명도 없을 경우
   관리인은 연임결의로 진행하되 관리위원은 관리인이 관리
   위원회에 지명, 통보하여 심의토록 함

5. 기타 질문사항은 관리인에게 문의바람.

                    20yy. mm. dd.

              XX 관리단 대표 XXX

2. 관리인 및 관리위원 후보 모집결과 통보

20yy년도 XX 관리인, 관리위원 후보자 통보

수신 : 관리위원장

발신 : 관리인

제목 : 관리인, 관리위원 후보자 모집결과통보 및 심의의뢰

　　우리 관리단 관리인 및 관리위원 임기가 20yy. mm. dd. 만료되므로 20yy. mm. dd. ~ 20yy. mm. dd. 임기의 관리인 및 관리위원 후보를 모집한 결과를 아래와 같이 통보하오니 심의하여 주시기 바랍니다.

아래

1. 모집기간 : 2020.02.13. 18:00까지

2. 응모한 후보
　　가. 관리인 : 현 관리인 외에 없음
　　나. 관리위원 : 현 위원만이 모두 연임의사를 밝혔음

20yy. mm. dd.

XXX 관리단 대표 xxx

3. 정기집회 소집공고

20yy연도 제1회 xx관리단 정기집회 소집공고

xx관리단은 다음과 같이 20yy연도 제1회 정기 관리단 집회를 소집코자 하오니 참석바랍니다.

아래

1. 일시 및 장소 : 20yy. mm. dd. 14:00, 회의실
2. 안건
   <u>〈정기집회 보고사항.〉</u> : 별첨 참조
   <u>〈표결사항〉</u>
   <u>가(안).</u>
   - 관리인 및 관리위원, 위원장 임기종료에 따른 2년 연임
   관리인 nnn.
   관리위원 B1 nnn(위원장). 103호 nnn. 204호 nnn
   <u>나(안).</u>
   - 특별수선충당금 일금3,380,000원 사용승인
   용도 : 골목 포장공사(1,730,000원), 복도 LED로 교체(1,650,000원)
3. 주의사항
   - 참가자격 : 구분소유자 또는 점유자
   - 대리참석시 위임사실을 증명할 수 있는 서면 제출(반환불가)
   - 공유점유자는 대표자 1인을 선정하여 참석

- 모든 보고자료는 관리실에 공개, 언제든지 열람 가능합니다.
- 기타 문의사항 : 관리단사무실(010-0000-0000)

20yy. 3. 7.

XX 관리단

4. 정기집회 보고사항

[표지]

20yy년도 ZZ

관리단 정기집회 보고사항

20yy. 02.   . (월)

장소 :ZZ 관리사무소

ZZ관리단 (인)

[본문]

20yy년도 zz관리단 정기집회 보고사항

1. 관리위원 명단

    B01호 NNN(위원장)

    103호 nnn, 104호 nnn,

    주: 107호 nnn, 109호 nnn 위원 사임

2. 잉여금 처리결과 : **총 43,319,670원**

    제반 소송 결과 발생한 잉여금에 대하여 아래와 같이 처리하였음.

    가. 특별수선충당금 총액 : **37,126,762원**

    나. 예비관리비 : **6,192,908원**

3. 20yy년도 결산서(재무상태표) : 별지 첨부1

4. 20yy년도 항목별 관리비 부과내역 : 별지 첨부2

5. 관리단 통장(관리비, 수선충당금)사본 : 별지 첨부3

6. 중요 공사내역 : 별지 첨부4

7. 20yy년도 중요사업계획 : 별지 첨부5

8. 기타

　관리인 및 관리위원 선(연)임 : 임기 20yy.m.d.~ 20yy.m.d.

　조건 : 일반관리비 동결

- 끝 -

5. 관리위원회 소집요청서

관리위원회 소집요청서

수신 : 관리위원장

발신 : 관리인

제목 : 관리위원회 소집요청서

　우리 관리단은 다음과 같이 집회에 상정할 안건에 대안 심의가 필요하오니 관리위원회의를 소집하여 이를 심의하여 주시고 결과를 관리단에 통지하여 주시기 바랍니다.

아래

1. 안건 : 건물 상수도 공사 : 상세내용 별지 첨부
2. 심의기간 : 20yy. mm. dd, 까지

20yy. mm. dd,

XX 관리단 대표 NNN

---

6. 임시관리단 집회 소집안내

20yy연도 제3회 xx 임시관리단집회 소집안내

xx관리단은 다음과 같이 20yy년도 제3회 임시 관리단 집회를 소집코자 하오니 빠짐없이 참석바랍니다.

아래

1. 일시 및 장소 : 20yy.m.d.(월) 14:00 관리사무소
2. 의안
   가안 - 신임 관리위원 nnn 선임
   나안 - 관리규약 개정(조항 신설)
   - 관리위원회 소집시 무단불참위원으로 인하여 심의를 개회하지도 못하는 경우가 빈번하여 특별한 사유 없이 3회이상 불참할 경우 사임으로 간주하자는 것과
   - 분쟁의 소지를 없애기 위해 분담금 3회이상 체납시 단전,단수할 수 있다는 내용을 규약에 명시하자는 것임.
3. 주의사항
   - 참가자격 : 구분소유자 또는 점유자
   - 대리참석시 위임사실을 증명할 수 있는 서면 제출 (반환불가)
   - 공유점유자는 대표자 1인을 선정하여 참석
   - 서면에 의한 의결권 행사는 집회 결의 전까지 제출(소정양식)하기 바라며, 전자투표 등은 인정하지 않음.

- 기타 문의사항 : 관리단사무실(010-1234-5678)

20yy. m.   .

XX 관리단

7. 임시집회 서면 표결지

20yy연도 제2회 XX 관리단 임시집회 서면 표결지

점유자(임차인)성명 : _____

건물점유부분 : _____층 _____호

위 본인은 20yy연도 제2회 관리단 임시집회의 안건을 읽고 그에 대해 아래와 같이 서면으로 표결합니다.

아래

1. 안건

   가(안). 찬성 (   ),   반대 (   )
   - 관리인 및 관리위원(위원장 포함) 임기종료에 따른 2년 연임(임기 20yy. m. d.부터 ~ 20yy. m. d.까지)

   나(안). 찬성 (   ),   반대 (   )
   - **특별수선충당금 일금4,580,000원** 사용승인(관리위원회 심의필) **(현재의 충당금 잔액은 일금37,126,762원**임)

   (1) 옆 kk건물 사이의 도로포장이 노후되어 장마시 지하로 스며들 위험이 있으므로 포장공사를 실시하고자 하는 것임, (1,730,000원)

* 건물 안전진단결과 권고사항임.

(2) 복도1, 2층 전등이 노후되어 LED로 교체하자는 것임.(1,650,000원)

(3) 지하 오수관이 오래되어 오수가 역류, 피해가 발생하고 있으므로 배관을 청소하자는 것임(1,200,000원, 가집행하였음)

20yy 03.   .

위 본인   (인 또는 서명)

XX 관리단 귀중

8. 임시집회 약식 표결지

		20yy연도 임시집회 의결명부						
층별	호수	전유면적 (의결권) m²	소유자 점유자	표결(찬성 O, 반대 x)			찬성의 결권	서명날인
				가안	나안			
합계								
붙임. 안건설명서								

9. 임시집회 결과 안내

20yy연도 제6회 xx관리단 임시집회 결과 안내

20yy.mm.dd.자 관리단 집회의 결과를 다음과 같이 게시함.

다음

1. 안건 및 결과

    가(안). 화재보험을 연1회 소모성보험으로 가입한다.(20yy.mm.dd.부터 시행)   결과 : 가결(의결권 4/5이상, 구분소유자 수 4/5이상 찬성)

    참고. : 1. 의문사항은 관리인에게 문의 바람(열람 가능)

20yy.mm.dd.

XX 관리단

10. 임시집회 의사록

20xx년도 제n회
XX관리단 임시집회 의사록

1. 일시 및 장소 : 20yy.mm.dd.(월) 13:00, 관리사무실
2. 안건

  가(안). yy년도 임시관리인 선임 청구소송의 변호사비를 장기수선청당금에서 전용코자 합니다.

3. 진행

  가. 금번 **코로나사태**로 인하여 정상소집이 어려운 관계로 관리인은 집회를 개최하되 별다른 의견이 없는 분은 가급적 미리 설명을 듣고 표결시까지 서면으로 표결지를 제출토록 독려하다. 구분소유자께는 우편으로 안건을 미리 우송하였음을 설명하다.

  나. 의장은 개회를 선언하고 참석자에게 미리 배포한 정기보고서를 읽은 것을 확인한 다음, 질문 기회를 주다. 이에 아무도 발언자 없음을 확인하다.

  라. 의장은 더 이상 질문이 없냐고 다시 물은 다음 표결을 실시, 가결을 확인하다.

  마. 의장은 폐회를 선언하다.

결과 :

가안-yy년도 소송 변호사비 전용안

16/19(84%), 의결권 1,196.1/2171.4(55.08%) 찬성 - 가결

첨부. 20yy년도 임시집회 표결지

20yy. m. dd.

XX 관리단 (인)

대표(관리인) nnn　＿＿＿＿＿＿＿＿＿(서명날인)

구분소유자 nnn　＿＿＿＿＿＿＿＿＿(서명날인)

구분소유자 nnn　＿＿＿＿＿＿＿＿＿(서명날인)

제11부 중요판례 모음

집합건물 관리단은 다른 단체에 비하여 분쟁이 많은 사단이다. 이에 국내에는 집합건물 관리단의 판례를 모아 설명과 해설을 병기한 서적들이 몇 종류 판매되고 있을 뿐 아니라, 각 지자체에서도 관리단 사무관련 해설서 등을 발간하고 있다.

하지만 이들은 주로 실무자가 아닌 법률전문가들이 펴낸 서적들로서 통상의 관리단에서는 거의 소용없는 내용까지 망라되어 있을 뿐 아니라, 그 내용이 지나치게 법률적으로 되어 있어 일반인들이 이해하기도 어렵거니와 자칫 오해 해석할 수도 있는 것이 현실이다.

이 책에서는 비교적 자주 발생하는 분쟁에 관한 대법원 판례를 위주로 싣고 중요내용에는 밑줄을 그어 알아보기 쉽도록 하였으므로 지금까지 설명한 내용을 참고하여 판례를 읽는다면 상당한 도움이 될 것으로 믿는다.

판례 1. 관리단의 당연설립

대법원 2013.3.28. 선고 2012다4985 판결

[관리비][공2013상,744]

【참조조문】

[1] 구 집합건물의 소유 및 관리에 관한 법률(2010. 3. 31. 법률 제
10204호로 개정되기 전의 것) 제1조, 부칙(1984. 4. 10.) 제5조

[2] 구 집합건물의 소유 및 관리에 관한 법률(2010. 3. 31. 법률 제
10204호로 개정되기 전의 것) 제23조 제1항, 제37조, 민법 제
265조

【참조판례】

[1] 대법원 2006. 8. 25. 선고 2006다16499 판결

[2] 대법원 1996. 8. 23. 선고 94다27199 판결(공1996하, 2797)
대법원 2008. 3. 27.자 2007마1734 결정(공2008상, 621)

【전 문】

【원고, 상고인】 청한상가 번영회

【피고, 피상고인】 피고

【원심판결】

서울중앙지법 2011. 12. 15. 선고 2011나41078 판결

【주 문】

원심판결을 파기하고, 사건을 서울중앙지방법원 합의부에 환송한다.

【이 유】

상고이유(상고이유서 제출기간이 지난 후에 제출된 상고이유보충서들

의 기재는 상고이유를 보충하는 범위 내에서)를 판단한다.

1. 집합건물 중 일부 층에 위치한 건물 부분들이 구조상의 독립성을 갖추지 못하였음에도 그 건물 부분별로 표시를 나누어 다수인이 각자 등기를 마친 집합건물에 관한 관리 권한 내지 방법에 관하여 뚜렷한 대법원판례가 없고, 이를 쟁점으로 한 여러 소액사건 등이 하급심 등에 계속되어 있으며, 그 결론에 관하여 하급심의 판단이 나뉘고 있다. 따라서 비록 이 사건이 소액사건에 해당하고 '대법원의 판례에 상반되는 판단을 한 때'의 요건을 갖추지 아니하였다고 하더라도, 법령 해석·적용의 통일이라는 대법원의 본질적 기능을 수행하는 차원에서 위 쟁점에 관한 실체법 해석·적용의 잘못에 대하여 판단한다(*대법원 2008. 12. 11. 선고 2006다50420 판결 등 참조*).

2.

    가. 구 집합건물의 소유 및 관리에 관한 법률(2010. 3. 31. 법률 제10204호로 개정되기 전의 것, 이하 '집합건물법'이라 한다) 제1조는 "1동의 건물 중 구조상 구분된 수개의 부분이 독립한 건물로서 사용될 수 있을 때에는 그 각 부분은 이 법이 정하는 바에 따라 각각 소유권의 목적으로 할 수 있다."고 규정하고 있다.

    그런데 1동의 건물의 일부분이 구분소유권의 객체가 될 수 있으려면 그 부분이 구조상으로나 이용상으로 다른 부분과 구분되는 독립성이 있어야 한다. 그 이용 상황 내지 이용 형태에 따라 구조상의 독립성 판단의 엄격성에 차이가 있을 수 있으나, 구조상의 독립성은 주로 소유권의 목적이 되는 객체에 대한 물적 지배의 범위를 명확히 할 필요성 때문에 요구된다고 할 것이므로 구조상의 구분에 의하여 구분소유권의 객체 범위를 확정할 수 없는 경우에는 구조상의 독립성이 있다고 할 수 없다. 위와 같은 구분소유권의 객체로서 적합한 물리적 요건을 갖추지 못한 건물의 일부는 그에 관한 구분소유권이 성립될 수 없는 것이어서, 건축물관리대장상 독립한 별개의 구분건물로 등재되고, 등기부상에도 구분소유권의 목적으로 등기되었다 하더라도 위 등기는 그 자체로 무효이다. 그리고 집합건물법 시행 당시 구분건물로 등기된 건물이 구조상의 독립성을 상실하여 같은 법 제1조의 규정에 부합하지 아니함에 따라 그 건물에 구분소유권이 성립될 수 없는 경우에는 그 등기명의자는 그 건물이 속하는 1동의 건물의 공유자가 될 뿐이다(1984. 4. 10. 법률 제3725호로 제정된 집합건물법 부칙 제5조 참조). 마찬가지로 구분건물로 등기된 1동의 건물 중의 일부에 해당하는 구분건물들 사이에서 구조상의 구분이 소멸되는 경우에 그 구분건물에 해당하는 일부 건물 부분은 종전 구분건물 등기명의자의 공유로 된다 할 것이지만 *(대법원 2006. 8. 25. 선고 2006다16499 판결 등 참조)*, 한편 구조상의 독립성이 상실되지 아니한 나머지 구분건물들의 구분소유권은 그대로 유지됨에 따라 위 일부 건물 부분은 나머지 구분건물들과 독립되는 구조를 이룬다고 할 것이고 또한 집합건물 중 일부 구분건물에 대한 공유도 당연히 허용됨에 비추어 보면, 위 일부 건물 부분과 나머지 구분건물들로 구성된 1동의 건물 전체는 집합건물법의 적용대상이 될 수 있다고 봄이 상당하다.

나. 원심이 인정한 사실관계를 기록에 비추어 살펴보면 다음과 같은 사실들을 알 수 있다.

(1) 서울 성북구 종암동 (지번 생략) 소재 청한상가(이하 '이 사건 상가'라 한다)는 1980년경 지하 1층, 지상 5층 규모의 건물로 신축되었다.

(2) 이 사건 상가는 지하층부터 3층까지는 각 구분된 호실별(3층의 경우에는 301호, 302호, 303호, 305호, 306호,

307호, 308호, 309호의 8개 점포로 구분되어 있다)로, 4, 5층은 층별로 구분되어 집합건축물대장에 등록되고 각 소유권보존등기가 마쳐진 후 소유권이전등기가 이루어져 왔으나, 위 등기에는 전유부분과 공용부분이 나누어져 있지 않고, 건물 부지인 서울 성북구 종암동 (지번 생략) 대지는 이 사건 상가의 소유자들이 공유하고 있을 뿐, 대지권등기가 되어 있지 않다.

(3) 한편 1995년경 입점상인들의 과다한 전기사용으로 발생한 화재 등으로 전기선 교체 등 보수공사를 하게 되면서 이 사건 상가 중 지하층 및 1, 2층에 대하여 대부분의 격벽이나 구분시설을 철거하게 되었다.

(4) 현재 3층의 각 점포는 종전과 같이 구분이 유지된 채로 사용되고 있으며, 4, 5층은 최초 등록 시 모두 관람집회시설(예식장)이었다가 2008. 12. 22.경 4층은 제1종근린생활시설(목욕장)로, 5층은 제1종근린생활시설(목욕장) 및 제1종근린생활시설(이용원)로 용도변경되어 찜질방으로 사용되고 있으나, 이 사건 상가 지하층 및 1, 2층은 신축 당시의 구분이 존재하지 아니하는 상태이다.

다. 위 사실관계를 앞서 본 법리에 비추어 보면, 이 사건 상가 중 지하층 및 1, 2층(이하 '이 사건 저층 부분'이라 한다)에 관하여는 그 안에 있던 구분건물들을 나누는 격벽이나 구분시설이 철거됨에 따라 구분건물별 구조상의 독립성이 상실되어 구분소유권이 소멸되고 공유관계로 변경될 것이지만, 이에 불구하고 3층 내지 5층에 위치한 구분건물들과 이 사건 저층 부분을 포함한 이 사건 상가는 집합건물법의 적용대상이 될 수 있다 할 것이다.

3.

가. 집합건물법 제23조 제1항은 "건물에 대하여 구분소유관계가 성립되면 구분소유자는 전원으로서 건물 및 그 대지와 부속시설의 관리에 관한 사업의 시행을 목적으로 하는 관리단을 구성한다."고 규정하고 있다. **이러한 관리단은 어떠한 조직행위를 거쳐야 비로소 성립되는 단체가 아니라 구분소유관계가 성립하는 건물이 있는 경우 당연히 그 구분소유자 전원을 구성원으로 하여 성립되는 단체이고, 구분소유자로 구성되어 있는 단체로서 위 법 제23조 제1항의 취지에 부합하는 것이면 그 존립형식이나 명칭에 불구하고 관리단으로서의 역할을 수행할 수 있다** *(대법원 1996. 8. 23. 선고 94다27199 판결 등 참조).*

그리고 집합건물법 제37조는 구분소유자의 의결권은 규약에 특별한 규정이 없으면 전유부분의 면적 비율에 의한 지분비율에 따르도록 하는(제1항) 한편, 전유부분을 여럿이 공유하는 경우에는 공유자는 관리단집회에서 의결권을 행사할 1인을 정하도록 규정하고 있다(제2항). 따라서 전유부분의 공유자는 서로 협의하여 공유자 중 1인을 관리단집회에서 의결권을 행사할 자로 정하여야 하고, 협의가 이루어지지 않을 경우에는 공유물의 관리에 관한 민법 제265조에 따라 공유지분의 과반수로써 의결권 행사자를 정하거나 공유자 중 전유부분 지분의 과반수를 가진 자가 의결권 행사자가 된다 *(대법원 2008. 3. 27.자 2007마1734 결정 참조).*

나. 원심이 인정한 사실관계를 기록에 비추어 살펴보면, ① 원래 이 사건 상가의 소유자들은 층별 소유자 운영위원회를 두는 등의 방법으로 6개의 층별로 나누어 이 사건 상가를 유지·관리하다가 층별로 선정된 대표자들이 2006. 1. 1.경 이 사건 상가의 유지·관리업무를 담당하는 원고를 구성하고 회칙 및

관리규약을 작성하였는데, 그 회칙에서 현재 각 층별 자체에서 구성 운영되고 있는 대표자(구분소유자들이 선출하여 현재 각층 대표권한을 행사하고 있는 대표로서 '부회장'이라고 명칭을 정하였다)들로 청한상가 번영 임원회의를 구성하여 건물 관리에 대한 모든 안건을 심의 의결하여 집행하도록 하였고, ② 원고는 그 무렵부터 관리비를 징수하는 등 이 사건 상가에 대한 관리업무를 하였으며, 이에 따라 피고를 비롯한 이 사건 상가의 입주자들은 원고에게 관리비를 납부해 왔는데, ③ 원고의 부회장으로 있다가 해임된 소외인이 이 사건 상가의 관리를 목적으로 하는 주식회사 청한상가를 설립한 후 2010. 10. 14.경 이 사건 상가의 입주자들에게 2010. 10. 16.부터는 주식회사 청한상가에서 이 사건 상가를 관리한다며 관리비를 주식회사 청한상가에 납부해 줄 것을 요청하는 내용의 '관리주체 변경 통보'를 발송하였고, 이에 피고를 비롯한 이 사건 상가의 일부 입주자들이 원고에 대한 관리비 납부를 거부하면서 이 사건 분쟁이 발생한 사실을 알 수 있다.

다. 위와 같은 원고의 구성 경위, 회칙 및 관리규약의 내용, 원고가 행해 온 관리업무 등의 사정을 앞서 본 법리에 비추어 보면, (1) 이 사건 상가의 소유자들은 이 사건 상가의 현황 및 구분소유 상태 등을 참작하여 최소한 층별로 구분될 수 있다는 고려에서 층별로 구분소유권자 내지는 공유지분권자를 분리하여 운영위원회를 두고 건물을 관리하여 오다가 이 사건 상가의 통합관리를 위해서 원고를 구성하게 된 것으로 보이고, (2) 앞서 본 바와 같이 이 사건 저층 부분의 경우에는 다른 구분건물들과 달리 공유관계에 있는데 위와 같이 층별로 구분될 수 있음을 고려하여 공유지분권자들 사이에서는 그와 같은 구분의사 아래 층별 공유관계를 대표하는 층별 대표자를 정한 것으로 볼 수 있어 위에서 본 공유인 구분건물에서의 의결권 행사를 정한 집합건물법의 취지에 부합되며, 또한 3층 내지 5층 부분의 경우에도 층별로 선정된 대표자들에 의하여 원고를 구성하는 방식의 관리가 이루어진 것으로 볼 수 있으므로, (3) 당초 층별로 구분해서 이 사건 상가를 관리하고 있던 이 사건 상가의 구분소유권자 및 공유지분권자들에 의하여 정하여진 층별 대표자들의 합의에 따라 회칙 및 관리규약을 정하여 이 사건 상가의 관리방법을 조직화하는 것도 구분소유권자 및 공유지분권자의 총의가 실질적으로 반영된 것으로 볼 수 있다. 따라서 원심의 인정 사실과 같이 층별 대표자들이 층별 구분소유권자나 공유지분권자들에 의해 선출되었거나 그들의 동의를 얻어 층별 대표자가 되었다면, 위와 같은 절차를 거쳐 구성되어 이 사건 상가에 관한 관리업무를 담당하는 원고는 이 사건 상가의 유지보수를 비롯한 관리에 관한 업무를 수행할 권한이 있다고 봄이 상당하다.

그럼에도 이와 달리 원고가 이 사건 상가를 유지·관리할 관리권이나 위임 등 법적 근거에 관한 증명이 없다는 이유로 원고의 피고에 대한 미납 관리비 청구를 배척한 원심판결에는 집합건물 중 일부가 구조상의 독립성을 갖추지 못한 건물의 관리방법에 관한 법리를 오해하여 판결 결과에 영향을 미친 위법이 있다고 봄이 상당하다.

4. 그러므로 원심판결을 파기하고, 사건을 다시 심리·판단하게 하기 위하여 원심법원에 환송하기로 하여, 관여 대법관의 일치된 의견으로 주문과 같이 판결한다.

대법관 신영철(재판장) 김용덕(주심) 김소영

(출처 : 대법원 2013.03.28. 선고 2012다4985 판결[관리비] 〉종합법률정보 판례)

판례 2. 집회 결의 취소 사유

대법원 2021. 1. 14. 선고 2018다273981 판결

[관리비][공2021상,363]

【참조조문】

[1] 집합건물의 소유 및 관리에 관한 법률 제42조의2

[2] 집합건물의 소유 및 관리에 관한 법률 제23조, 제23조의2, 제31조

【참조판례】

[2] 대법원 2012. 1. 27. 선고 2011다69220 판결(공2012상, 333)

【전 문】

【원고, 상고인】 ○○○○○아파트자치운영회 (소송대리인 법무법인 넥스트로 담당변호사 박진식)

【피고, 피상고인】 피고 1 외 1인 (소송대리인 변호사 박성귀)

【원심판결】서울중앙지법 2018. 9. 12. 선고 2017나91327 판결

【주 문】

원심판결을 파기하고, 사건을 서울중앙지방법원에 환송한다.

【이 유】

상고이유를 판단한다.

1. 원심은 집합건물의 소유 및 관리에 관한 법률(이하 '집합건물법'이라고 한다)이 정하는 관리단인 원고의 2017. 3. 10.자 총회에서 소외인을 원고의 대표자로 선출한 결의(이하 '선행 결의'라고 한다)는 의사정족수를 충족하지 못하여 효력이 없고, 2018. 3. 9.자 총회에서 선행 결의를 추인하는 내용의 결의(이하 '후행 결의'라고

한다)를 하였으나 이는 선행 결의에 의하여 대표자로 선출된 소외인이 소집한 것이어서 적법한 소집권자에 의하여 이루어진 것으로 볼 수 없다는 이유로 역시 효력이 없다고 판단하였다.

2. 그러나 원심의 판단은 다음과 같은 이유로 수긍할 수 없다.

가. 상법은 주주총회의 결의에 대하여 '총회의 소집절차 또는 결의방법이 법령 또는 정관에 위반하거나 현저하게 불공정한 때 또는 그 결의의 내용이 정관에 위반한 때'를 결의취소 사유로, '총회의 결의의 내용이 법령에 위반한 때'를 주주총회 결의무효 사유로, '총회의 소집절차 또는 결의방법에 총회결의가 존재한다고 볼 수 없을 정도의 중대한 하자가 있는 때'를 결의부존재 사유로 규정하면서, 그 소집절차나 결의방법, 결의내용의 하자 등에 대해 결의취소의 소(상법 제376조), 결의무효 및 부존재확인의 소(상법 제380조)로 다툴 수 있도록 하고 있다.

그런데 민법상의 법인이나 비법인사단의 총회결의에 대하여는 그와 같은 절차가 별도로 규정되어 있지 않기 때문에 소집절차나 결의방법, 결의내용의 하자 등에 대해 일반 민사상 무효확인의 소를 통해 결의무효확인을 구하거나 다른 법률관계에 관한 소송에서 선결문제로서 무효를 주장할 수 있었고, 이는 집합건물법에 따른 관리단집회의 결의에도 동일하게 적용되었다.

그런데 2012. 12. 18. 법률 제11555호로 개정되어 2013. 6. 19. 시행된 집합건물법은 '**집회의 소집절차나 결의방법이 법령 또는 규약에 위반되거나 현저하게 불공정한 경우**'와 '**결의내용이 법령 또는 규약에 위배되는 경우**'를 결의취소 사유로 규정하면서, '**구분소유자가 집회 결의 사실을 안 날부터 6개월 이내에, 결의한 날부터 1년 이내에 결의취소의 소를 제기할 수 있다.**'고 규정함으로써 결의취소의 소에 관한 제42조의2를 신설하였다. 이 조항은 주주총회 결의취소의 소에 관한 상법 제376조 제1항 등의 조문 형식과 내용을 참조한 것으로 보이는데, 상법상 주주총회 결의취소 사유와 달리 결의내용이 규약에 위배되는 경우뿐만 아니라 법령에 위배되는 경우도 취소 사유로 규정하고 있고, 한편 집합건물법은 위와 같이 결의취소의 소를 도입하면서도 결의무효확인 내지 부존재확인의 소에 대한 규정을 두지 않고 있다. 집합건물법상 건물에 대하여 구분소유 관계가 성립되면 구분소유자 전원을 구성원으로 하여 건물과 그 대지 및 부속시설의 관리에 관한 사업의 시행을 목적으로 하는 관리단이 설립되고(제23조 제1항), 관리단은 건물의 관리 및 사용에 관한 공동이익을 위하여 필요한 구분소유자의 권리와 의무를 선량한 관리자의 주의로 행사하거나 이행하여야 하며(제23조의2), 관리단의 사무는 집합건물법 또는 규약으로 관리인에게 위임한 사항 외에는 관리단집회의 결의에 따라 수행하여야 하고(제31조), 규약 및 관리단집회의 결의는 구분소유자의 특별승계인에 대하여도 효력이 있고, 점유자는 건물이나 대지 또는 부속시설의 사용과 관련하여 구분소유자가 규약 또는 관리단집회의 결의에 따라 부담하는 의무와 동일한 의무를 진다(제42조). 집합건물법은 관리단집회의 결의가 구분소유자들 사이의 법률관계에 위와 같이 상당한 영향을 미칠 수 있다는 점을 고려하여 관리단집회의 시기, 소집통지의 방법, 결의사항, 의결권과 의결방법, 그 효력 등에 대해 상세하게 규정하고 있다.

이와 같은 사정을 종합하여 보면, 집합건물법이 결의취소의 소를 도입한 것은, 관리단집회 결의의 하자에 대하여는 소집절차나 결의방법, 결의내용의 하자인지 여부를 구분하지 않고, 그 하자가 경미한 경우에는 결의취소의 소를 통해서만 다툴 수 있도록 함으로써 관리단집회 결의의 효력을 조속히 확정하여 구분소유자들 사이의 법률관계 안정을 도모하되,

그 하자가 결의를 무효로 돌릴 정도의 절차상 또는 내용상 중대한 하자에 해당하는 경우에는 종전과 같이 제소기간의 제한 없이 일반 민사상 무효확인의 소를 통해 결의무효확인을 구하거나 다른 법률관계에 관한 소송에서 선결문제로서 무효를 주장할 수 있도록 함으로써 구분소유자의 권리를 보장하고자 함에 있는 것으로 보인다.

따라서 집합건물법 제42조의2가 규정한 취소사유, 즉 '집회의 소집절차나 결의방법이 법령 또는 규약에 위반되거나 현저하게 불공정한 경우' 또는 '결의내용이 법령 또는 규약에 위배되는 경우'라 함은 구분소유자들 사이의 법률관계를 합리적으로 규율하기 위한 집합건물법의 취지와 목적, 관리단의 의무와 사무처리 내용, 관리단집회 결의의 효력 등을 종합하여 살펴볼 때 그와 같은 하자가 결의를 무효로 돌릴 정도의 중대한 하자에 미치지 못하는 정도의 하자를 의미한다고 봄이 상당하고, 그와 같은 취소사유로 인해 취소할 수 있는 결의는 집합건물법 제42조의2가 정한 제척기간 내에 제기된 결의취소의 소에 의하여 취소되지 않는 한 유효하다. 한편 제척기간을 도과하였는지 여부는 법원의 직권조사사항이므로 당사자의 주장이 없더라도 법원이 이를 직권으로 조사하여 판단하여야 한다.

한편 집합건물법 제23조에 의하여 설립된 관리단의 관리단집회에서 임원선임결의가 있은 후 다시 개최된 관리단집회에서 종전 결의를 그대로 인준하거나 재차 임원선임결의를 한 경우에는, 설령 당초의 임원선임결의가 무효라고 할지라도 다시 개최된 관리단집회 결의가 하자로 인하여 무효라고 인정되는

등의 특별한 사정이 없는 한, 새로운 관리단집회가 무효인 당
초의 관리단집회 결의 후 새로 소집권한을 부여받은 관리인에
의하여 소집된 것이어서 무권리자에 의하여 소집된 관리단집
회라는 사유는 원칙적으로 독립된 무효사유로 볼 수 없다. 만
일 이를 무효사유로 본다면 당초 임원선임결의의 무효로 인하
여 연쇄적으로 그 후의 결의가 모두 무효로 되는 결과가 되
어 법률관계의 혼란을 초래하고 법적 안정성을 현저히 해하게
되기 때문이다*(대법원 2012. 1. 27. 선고 2011다69220 판결 등 참
조).*

나. 원심판결 이유와 기록에 의하면 다음과 같은 사실을 알 수
있다.

(1) 원고의 회칙에 의하면 대표자인 회장은 구분소유자들 과반
수가 참석하여 과반수의 찬성으로 선출하도록 규정하고 있
는데, 정기총회에서 구분소유자 63명 중 과반수에 미치지
못하는 27명만이 참석하여 소외인을 원고의 대표자로 선
출하는 선행 결의를 하였다.

(2) 위와 같이 선행 결의에 의하여 선출된 대표자 소외인은
다시 원고의 정기총회를 소집·개최하여 구분소유자 63명
중 42명이 참석한 상태에서 참석자 중 28명이 찬성하여
선행 결의를 추인하는 후행 결의를 하였다.

다. 이러한 사실 등을 앞서 본 법리에 비추어 살펴보면, 구분소유
자 63명 중 과반수에 미달하는 27명이 참석하여 소외인을 대
표자로 선출하는 내용으로 이루어진 선행 결의는 그 결의방법
의 하자가 중대하여 무효라고 볼 여지가 상당하나, 그와 같은
사정에 관하여 충분한 심리가 이루어지지 않은 상태이다. 나
아가 소외인을 대표자로 선출한 선행 결의가 하자로 인하여
무효라고 하더라도 그 후 소외인이 소집한 총회에서 선행 결

의를 추인하는 내용의 후행 결의가 이루어진 이상 그러한 후행 결의가 무권리자에 의하여 소집된 총회에서 이루어진 것이라는 사유만으로는 후행 결의가 무효라고 할 수 없다.

원심은 선행 결의에 대하여 집합건물법 제42조의2의 적용 여부, 그 결의방법의 하자가 중대한 하자인지, 중대한 하자에 미치지 못하는 정도의 하자에 불과한지 여부에 대하여 심리 및 판단하지 아니한 채 선행 결의의 효력이 무효라고만 판단하였다. 그리고 후행 결의는 적법한 소집권자에 의하여 이루어진 총회에서의 결의가 아니라는 이유만을 들어 효력이 없다고 판단하였다. 이러한 원심판단에는 관리단집회 결의의 하자 및 효력, 결의취소의 소 등에 관한 법리를 오해하고 필요한 심리를 다하지 아니함으로써 판결에 영향을 미친 잘못이 있다. 이 점을 지적하는 상고이유 주장은 이유 있다.

3. 그러므로 나머지 상고이유에 관한 판단을 생략한 채 원심판결을 파기하고, 사건을 다시 심리·판단하도록 원심법원에 환송하기로 하여, 관여 대법관의 일치된 의견으로 주문과 같이 판결한다.

대법관 노태악(재판장) 김재형 민유숙(주심) 이동원

(출처: 대법원 2021. 1. 14. 선고 2018다273981 판결 [관리비] 〉 종합법률정보 판례)

판례 3. 결의 추인의 효과

대법원 2012.1.27. 선고 2011다69220 판결

[임시집회무효확인][공2012상,333]

【참조조문】

[1] 구 집합건물의 소유 및 관리에 관한 법률(2010. 3. 31. 법률 제10204호로 개정되기 전의 것) 제23조, 제32조, 제33조, 민사소송법 제250조

[2] 구 집합건물의 소유 및 관리에 관한 법률(2010. 3. 31. 법률 제10204호로 개정되기 전의 것) 제23조, 제32조, 제33조, 민사소송법 제250조

【참조판례】

[1] 대법원 1998. 12. 22. 선고 98다35754 판결(공1999상, 193)

대법원 2010. 10. 28. 선고 2009다63694 판결(공2010하, 2151)

【전 문】

【원고, 상고인】 맨하탄빌딩입주자대표위원회 외 5인 (소송대리인 변호사 김시현)

【피고, 피상고인】 맨하탄빌딩관리단 (소송대리인 법무법인 율촌 담당 변호사 박해성 외 2인)

【원심판결】 서울고법 2011. 7. 21. 선고 2010나65841 판결

【주 문】

원고 맨하탄빌딩입주자대표위원회의 상고를 각하한다. 나머지 원고들의 상고를 모두 기각한다. 상고비용 중 원고 맨하탄빌딩입주자대표위

원회의 상고로 인한 부분은 그 대표자 원고 2가 부담하고, 나머지 원고들의 상고로 인한 부분은 그 원고들이 각 부담한다.

【이 유】

1. 원고 맨하탄빌딩입주자대표위원회의 상고에 대한 판단

   원심은 위 원고가 법인 아닌 사단으로서의 실체를 갖추었다고 보기 어려워 당사자능력이 없다고 보아 위 원고의 이 사건 소를 각하한 제1심판결을 그대로 유지하였는바, 기록에 비추어 살펴보면, 원심의 판단은 정당하다.

   그렇다면 위 원고의 상고는 당사자능력 없는 자의 상고로서 부적법하다.

2. 나머지 원고들의 상고에 대한 판단

   상고이유를 본다.

   구 집합건물의 소유 및 관리에 관한 법률(2010. 3. 31. 법률 제10204호로 개정되기 전의 것) 제23조에 의하여 설립된 <u>관리단의 관리단집회에서 임원선임결의가 있은 후 다시 개최된 관리단집회에서 위 종전 결의를 그대로 인준하거나 재차 임원선임결의를 한 경우에는, 설령 당초의 임원선임결의가 무효라고 할지라도 다시 개최된 위 관리단집회의 결의가 하자로 인하여 무효라고 인정되는 등의 특별한 사정이 없는 한, 종전 임원선임결의의 무효확인을 구하는 것은 과거의 법률관계 내지 권리관계의 확인을 구하는 것에 불과하여 권리보호의 요건을 결여한 것이다. 이 경우 새로운 관리단집회가 무효인 당초의 관리단집회 결의 후 새로 소집권한을 부여받은 관리인에 의하여 소집된 것이어서 무권리자에 의하여 소집된 관리단집회라는 사유는 원칙적으로 독립된 무효사유로 볼 수 없다. 만일 이를 무효사유로 본다면 당초의 임원선임결의의 무효로 인하여 연쇄적으로 그 후의 결의가 모두 무효로 되는 결과가 되어 법률관계의 혼란을</u>

초래하고 법적 안정성을 현저히 해하게 되기 때문이다 (대법원 1998. 12. 22. 선고 98다35754 판결, 대법원 2010. 10. 28. 선고 2009다63694 판결 등 참조).

원심은, 집합건물인 이 사건 건물의 관리단인 피고의 2008. 7. 24.자 임시집회에서의 원심판결 별지 1 목록 제1의 가항 기재와 같은 대표위원 선출 승인 결의, 원고 2를 관리인에서 해임하고 여의도맨하탄빌딩관리 주식회사(이하 '소외 회사'라 한다)를 관리인으로 선임하는 결의는 그 소집절차상의 하자와 의사정족수 및 의결정족수 미달로 인하여 무효이므로 위 관리단의 대표위원회에서 소외인을 대표위원회 회장으로 선임하는 결의도 무효이나, 그 후 2010. 3. 25.자 정기집회 및 대표위원회에서 원심판결 별지 2 목록 기재 제1, 2항과 같이 위 임시집회 및 대표위원회의 각 결의의 절차를 다시 진행하거나 그 내용을 재확인하는 결의를 하였으므로, 위 정기집회의 결의가 당초의 임시집회 결의 후 새로 소집권한을 부여받은 소외인에 의하여 소집된 것이어서 무권리자에 의하여 소집된 집회라는 하자는 독립된 무효사유라고 볼 수 없고, 그 외 위 정기집회가 다른 절차상·내용상의 하자로 인하여 부존재 또는 무효라고 인정되지 않는 이상 위 임시집회 및 대표위원회에서 이루어진 각 결의의 무효확인을 구하는 것은 과거의 법률관계 내지 권리관계의 확인을 구하는 것에 불과하여 권리보호의 이익이 없다고 판단하였다.

위 법리와 기록에 비추어 살펴보면, 원심의 판단은 정당하고, 거기에 상고이유로 주장하는 바와 같은 관리단집회 결의의 효력에 관한 법리오해 등의 위법이 없다.

상고이유로 들고 있는 대법원판결들은 사안이 달라 이 사건에 원용하기에 적절하지 않다.

3. 결론

그러므로 원고 맨하탄빌딩입주자대표위원회의 상고를 각하하고,

나머지 원고들의 상고를 모두 기각하며, 상고비용 중 원고 맨하탄빌딩입주자대표위원회의 상고로 인한 부분은 그 대표자가 부담하고, 나머지 원고들의 상고로 인한 부분은 패소자가 각 부담하기로 하여 관여 대법관의 일치된 의견으로 주문과 같이 판결한다.

대법관 이인복(재판장) 김능환(주심) 안대희 박병대

(출처 : 대법원 2012.01.27. 선고 2011다69220 판결[임시집회무효확인] 〉종합법률정보 판례)

판례 4. 건물관리 위임계약의 해지

대법원 2014.2.27. 선고 2011다88207 판결

[관리비][미간행]

【참조조문】
[1] 민법 제689조 제1항 [2] 민법 제689조 제1항

【전 문】

【원고, 상고인】 주식회사 동방상가관리회 (소송대리인 법무법인 소망 담당변호사 오승원)

【피고, 피상고인】 피고 1 외 1인 (소송대리인 법무법인 로월드 담당 변호사 이홍권 외 1인)

【원심판결】 서울중앙지법 2011. 9. 27. 선고 2011나3847 판결

【주 문】

원심판결을 파기하고, 사건을 서울중앙지방법원 합의부에 환송한다.

【이 유】

상고이유(상고이유서 제출기간이 경과한 후에 제출된 각 상고이유 보충서의 기재는 상고이유를 보충하는 범위 내에서)에 대하여 판단한다.

1. 원심판결 이유에 의하면, 원심은 그 채택 증거에 의하여 판시와 같은 사실을 인정한 다음, 이 사건 관리단체는 이 사건 상가부분 공유자들이 민법 제265조에 따라 공유물인 위 상가부분의 관리를 위해 설립한 단체로서, 위 공유자들이 2003. 11. 2. 이 사건 집회에서 공유지분의 과반수 결의로 위 상가부분의 관리업무를 피고 2(당시 이 사건 관리단체의 대표자였다)에게 위임하였고 피고 2가 2008. 8. 2.경 그 관리업무의 범위 내에서 원고와 이 사건 용역

계약을 체결하였으므로, 일단 원고에게 이 사건 상가부분에 관한 관리비 징수권한이 인정된다고 볼 수 있으나, 이 사건 관리단체와 원고 사이에 관리비 귀속에 관한 다툼이 있어 위임인인 이 사건 관리단체가 원고에게 부여하였던 관리비 징수권한을 회복하기를 원하는 경우에는 원고는 이 사건 관리단체에 대하여 이 사건 용역계약에 따른 용역비를 청구할 수 있을 뿐 더 이상 입주자들에게 관리비를 직접 청구할 법적 권한이 없다고 그 의사를 제한하여 해석하는 것이 타당한데, 이 사건 관리단체와 원고 사이에 관리비 징수권한에 관한 다툼이 계속되어 왔으므로 관리비 징수업무를 대행하는 단체에 불과한 원고가 이 사건 관리단체의 의사에 반하여 입주자들에게 직접 관리비를 청구할 수 없다고 판단하였다. 나아가 원심은 이 사건 관리단체의 대표자 소외 1이 2010. 6. 3. 이 사건 용역계약의 무효 및 해지를 주장하는 내용증명을 원고의 대표자 소외 2에게 발송하였고 그 무렵 위 통지가 도달하였으므로 적어도 그때부터는 민법 제689조 제1항에 의하여 이 사건 용역계약이 해지되었다는 취지로 부가적으로 판단하였다.

2. 그러나 원심의 위와 같은 판단은 다음과 같은 이유로 수긍하기 어렵다.

위임계약의 경우 위임인은 민법 제689조 제1항에 의하여 언제든지 그 계약을 해지할 수 있지만, 그렇다고 하더라도 위임인이 위임계약을 유지하면서 일방적으로 계약 내용 중 일부의 효력을 정지시키거나 계약의 일부만을 해지하는 것은 허용되지 않는다. 또한 계약당사자는 계약 내용을 전체적으로 고려하여 계약을 체결할지 여부를 결정하는 것이고 이는 위임계약의 경우에도 마찬가지이므로, 위임계약의 당사자 사이에 분쟁이 있었다고 하여 그러한 사정만으로 위임인에게 유리하도록 계약 내용 중 일부에 관하여만 효력을 정지시키는 것이 계약당사자의 의사에 부합한다고 함부로 추단할 수도 없다.

따라서 이 사건에서도 위임인인 이 사건 관리단체가 수임인인 원고의 이 사건 상가부분에 대한 관리업무 수행을 더 이상 원하지 아니할 경우 이 사건 관리단체로서는 민법 제689조 등에 근거하여 이 사건 용역계약을 해지할 수 있을 뿐 위 계약을 해지하지도 아니한 채 일방적으로 원고의 입주자들에 대한 관리비 징수권한만을 소멸시킬 수는 없는 것이고, 기록을 살펴보아도 이 사건 용역계약 당시 이 사건 관리단체와 원고 사이에 향후 관리비 귀속에 관한 다툼이 발생할 경우 원고가 입주자들에 대한 관리비 징수권한을 이 사건 관리단체에 환원시키기로 하는 의사의 합치가 있었다고 볼만한 사정을 찾아볼 수 없다.

그럼에도 원심은 그 판시와 같은 이유만으로 원고가 이 사건 상가부분의 입주자들에게 직접 관리비를 청구할 수 없다고 판단하였으니, 이러한 원심판결에는 위임계약의 해지 등에 관한 법리를 오해하여 판결 결과에 영향을 미친 위법이 있다. 이 점에 관한 상고이유의 주장에는 정당한 이유가 있다.

나아가 기록에 의하면, 피고들은 원고가 이 사건 관리단체의 승인을 받지 않고 관리비를 부과·고지하는 등 이 사건 용역계약을 위반함에 따라 이 사건 관리단체의 2010. 6. 3.자 해지통고에 의하여 위 계약이 적법하게 해지되었다고 주장하였을 뿐, 원심 변론종결일까지 피고들이 위 해지통고에 민법 제689조 제1항에 의한 해지의 의사까지도 포함되어 있다는 취지의 주장을 한 바는 없음을 알 수 있으므로, 원심이 위와 같이 피고들이 주장하지도 않은 민법 제689조 제1항에 의한 계약해지를 인정하는 취지로 부가적으로 판단한 것은 변론주의 원칙에 반한다고 할 것이다.

3. 그러므로 나머지 상고이유에 관한 판단을 생략한 채 원심판결을 파기하고, 사건을 다시 심리·판단하도록 원심법원에 환송하기로 하여, 관여 대법관의 일치된 의견으로 주문과 같이 판결한다.

대법관 김신(재판장) 민일영 이인복(주심) 박보영

판례 5. 특별승계인의 공용관리비 승계

대법원 2008.12.11. 선고 2006다50420 판결

[관리비등][공2009상,6]

【참조조문】

[1] 소액사건심판법 제3조 제2호

[2] 집합건물의 소유 및 관리에 관한 법률 제18조

[3] 집합건물의 소유 및 관리에 관한 법률 제18조, 민법 제454조

【참조판례】

[1] 대법원 2004. 8. 20. 선고 2003다1878 판결(공2004하, 1571)

[2] 대법원 2006. 6. 29. 선고 2004다3598, 3604 판결(공2006하, 1397)

[3] 대법원 2002. 9. 24. 선고 2002다36228 판결(공2002하, 2538)

【전 문】

【원고, 상고인】 원고 주식회사 (소송대리인 법무법인 국제 담당변호사 조성제외 2인)

【피고, 피상고인】 피고

【원심판결】

부산지법 2006. 7. 6. 선고 2005나13667 판결

원심판결 중 원고 패소 부분을 파기하고, 이 부분 사건을 부산지방법원 본원 합의부에 환송한다.

【이 유】

1. 소액사건에 있어서 구체적 사건에 적용할 법령의 해석에 관한 대법원판례가 아직 없는 상황에서 같은 법령의 해석이 쟁점으로 되어 있는 다수의 소액사건들이 하급심에 계속되어 있을 뿐 아니라 재판부에 따라 엇갈리는 판단을 하는 사례가 나타나고 있는 경우, 소액사건이라는 이유로 대법원이 그 법령의 해석에 관하여 판단을 하지 아니한 채 사건을 종결하고 만다면 국민생활의 법적 안전성을 해칠 것이 우려된다고 할 것인바, 이와 같은 특별한 사정이 있는 경우에는 소액사건에 관하여 상고이유로 할 수 있는 '대법원의 판례에 상반되는 판단을 한 때'의 요건을 갖추지 아니하였다고 하더라도 법령해석의 통일이라는 대법원의 본질적 기능을 수행하는 차원에서 실체법 해석 적용에 있어서의 잘못에 관하여 직권으로 판단할 수 있다고 보아야 할 것이다 *(대법원 2004. 8. 20. 선고 2003다1878 판결)*

2. 집합건물의 소유 및 관리에 관한 법률(이하 '집합건물법'이라고 한다)상의 집합건물 구분소유권에 대한 특별승계인이 사실심 변론종결 이전에 구분소유권을 이미 제3자에 이전한 경우에도 집합건물법 제18조 및 관리규약에 의하여 전(前) 구분소유자의 공용부분에 대한 체납관리비를 지급할 책임이 있는지에 관하여는 대법원판례가 없고, 하급심의 판단이 엇갈리고 있는 상황이므로, 이 사건 원심의 위 집합건물법의 조항에 대한 해석 및 적용의 당부에 관하여 직권으로 판단한다.

집합건물법 제18조에서는 공유자가 공용부분에 관하여 다른 공유자에 대하여 가지는 채권은 그 특별승계인에 대하여도 행사할 수 있다고 규정하고 있는데, 이는 <u>집합건물의 공용부분은 전체 공유자의 이익에 공여하는 것이어서 공동으로 유지·관리되어야 하고 그에 대한 적정한 유지·관리를 도모하기 위하여는 소요되</u>

는 경비에 대한 공유자 간의 채권은 이를 특히 보장할 필요가 있어 공유자의 특별승계인에게 그 승계의사의 유무에 관계없이 청구할 수 있도록 하기 위하여 특별규정을 둔 것이므로, 전 구분소유자의 특별승계인에게 전 구분소유자의 체납관리비를 승계하도록 한 관리규약 중 공용부분 관리비에 관한 부분은 위와 같은 규정에 터 잡은 것으로 유효하고 *(대법원 2006. 6. 29. 선고 2004다3598, 3604 판결 참조),* 채무인수가 면책적인가 중첩적인가 하는 것은 채무인수계약에 나타난 당사자 의사의 해석에 관한 문제이고, 채무인수에 있어서 면책적 인수인지, 중첩적 인수인지가 분명하지 아니한 때에는 이를 중첩적으로 인수한 것으로 볼 것이다*(대법원 2002. 9. 24. 선고 2002다36228 판결)*

원심은, 집합건물법 제18조의 특별승계인이라고 함은 공용부분에 관한 관리비채무를 담보할 수 있는 구분소유권을 사실심 변론 종결일 현재 보유하고 있으면서 공용부분의 관리로 인하여 수혜를 받고 있는 자로 한정된다고 봄이 타당하고, 따라서 구분소유권을 이미 제3자에게 넘겨버려 사실심 변론 종결 당시에 구분소유권을 보유하고 있지 아니한 중간승계인은 집합건물의 소유권을 넘김으로써 전 입주자가 체납하고 있던 공용부분에 관한 관리비채무 역시 현재의 소유자에게 면책적으로 승계시켰다고 볼 것이므로, 이 사건에 있어 피고가 이 사건 점포에 관한 구분소유권을 2004. 10. 8. 소외인에게 이전하여 줌으로써 이 사건 사실심 변론 종결일 현재 이 사건 점포의 구분소유권을 보유하고 있지 아니한 이상 전 입주자가 체납하고 있던 공용부분에 관한 관리비채무를 부담한다고 할 수는 없다고 판단하였다.

그러나 집합건물법상의 특별승계인은 관리규약에 따라 집합건물의 공용부분에 대한 유지·관리에 소요되는 비용의 부담의무를 승계한다는 점에서 채무인수인으로서의 지위를 갖는데, 위와 같은 집합건물법의 입법 취지와 채무인수의 법리에 비추어 보면 구분소유권이 순차로 양도된 경우 각 특별승계인들은 이전 구분소유권자들의 채무를 중첩적으로 인수한다고 봄이 상당하므로, 현재 구분소유권을 보유하고 있는 최종 특별승계인뿐만 아니라 그 이전의 구분소유자들도 구분소유권의 보유 여부와 상관없이 공용부분에 관한 종전 구분소유자들의 체납관리비채무를 부담한다고 보아야 한다.

그럼에도 원심은 피고가 원심 변론 종결일 현재 구분소유권을 보유하고 있지 않다는 이유만으로 공용부분에 관한 종전 체납관리비에 대한 지급청구를 배척하였으니, 이러한 원심판결에는 집합건물법 및 관리규약에 대한 해석을 잘못하여 판결 결과에 영향을 미친 위법이 있다고 할 것이다.

3. 그러므로 원심판결 중 원고 패소 부분을 파기하고, 이 부분 사건을 다시 심리·판단하도록 원심법원에 환송하기로 하여 관여 대법관의 일치된 의견으로 주문과 같이 판결한다.

대법관 김지형(재판장) 고현철 전수안 차한성(주심)

(출처 : 대법원 2008.12.11. 선고 2006다50420 판결[관리비등])

판례 6. 관리단의 공용관리비 징수권한

대법원 2009.7.9. 선고 2009다22266,22273 판결

[임대료및관리비상계·임대료][공2009하,1427]

【참조조문】

집합건물의 소유 및 관리에 관한 법률 제17조, 제25조 제1항

【전 문】

【원고(반소피고, 선정당사자), 피상고인】 원고

【피고(반소원고), 상고인】 피고 (소송대리인 법무법인 바른 담당변호사 박주범외 1인)

【원심판결】 인천지법 2009. 2. 5. 선고 2008나4391, 4407 판결

【주 문】

원심에서 확장된 반소청구 부분에 대한 피고(반소원고)의 상고를 각하한다. 원심판결의 반소에 관한 부분 중 나머지 부분을 파기하고, 이 부분 사건을 인천지방법원 본원 합의부에 환송한다.

【이 유】

1. 원심에서 확장된 반소청구 부분에 대한 상고의 적법 여부에 관한 직권판단

   항소심에 이르러 청구가 확장된 경우, 항소심은 확장된 청구에 대하여는 실질상 제1심으로서 재판하여야 하므로, 제1심이 기존의 청구를 배척하면서 "원고의 청구를 기각한다."고 판결하였는데 항소심이 기존의 청구와 항소심에서 확장된 청구를 모두 배척할 경우 단순히 "항소를 기각한다."는 주문 표시만 하여서는 안 되고, 이와 함께 항소심에서 확장된 청구에 대하여 "원고의 청구를

기각한다."는 주문 표시를 하여야 한다. 한편, 판결에는 법원의 판단을 분명하게 하기 위하여 결론을 주문에 기재하도록 되어 있어 재판의 누락이 있는지 여부는 주문의 기재에 의하여 판정하여야 하므로, 판결이유에 청구가 이유 없다고 설시되어 있더라도 주문에 그 설시가 없으면 특별한 사정이 없는 한 재판의 누락이 있다고 보아야 하며, 재판의 누락이 있으면 그 부분 소송은 아직 원심에 계속중이라고 할 것이어서 상고의 대상이 되지 아니하므로 그 부분에 대한 상고는 부적법하다(*대법원 2007. 8. 23. 선고 2006다28256 판결 등 참조*).

기록과 원심판결 이유에 의하면, 피고(반소원고, 이하 '피고'라고만 한다)는 제1심에서 "피고에게, 원고(반소피고, 선정당사자, 이하 '원고'라고만 한다)는 61,273,637원, 선정자 소외인은 원고와 연대하여 위 돈 중 41,886,409원 및 위 각 돈에 대하여 이 사건 반소장 부본 송달 다음날부터 다 갚는 날까지 연 20%의 비율로 계산한 돈을 지급하라."는 반소청구를 하였는데, 제1심이 이를 기각하는 판결을 선고한 사실, 피고가 이에 불복하여 항소한 후, 원심 제2차 변론기일에서 반소 청구취지를 "피고에게, 원고는 89,528,564원, 선정자 소외인은 원고와 연대하여 위 돈 중 60,723,027원 및 위 각 돈에 대하여 이 사건 반소장 부본 송달 다음날부터 다 갚는 날까지 연 20%의 비율로 계산한 돈을 지급하라."로 확장하는 내용의 2008. 11. 25.자 청구취지 및 원인변경 신청서를 진술한 사실, 그런데 원심은 그 판결이유에서 원심에서 확장된 청구를 포함한 피고의 반소청구가 모두 이유 없다는 취지로 설시하면서도, 주문에서는 "피고의 반소에 대한 항소를 기각한다."고만 하고 원심에서 확장된 반소청구에 관하여는 아무런 판단도 하지 아니한 사실을 알 수 있다.

그렇다면, 앞서 본 법리에 비추어, 원심은 원심에서 확장된 반소청구에 관한 재판을 누락하였다 할 것이고, 따라서 이 부분 반소

청구는 아직 원심에 계속중이라고 할 것이어서 상고의 대상이 되지 아니하므로, 이 부분에 대한 피고의 상고는 부적법하여 각하를 면할 수 없다.

2. 상고이유 제1, 2점에 대하여

원심판결 이유에 의하면, 원심은 채택 증거들을 종합하여 그 판시와 같은 사실을 인정한 다음, 피고가 제정한 관리단규약은, 집합건물의 소유 및 관리에 관한 법률(이하 '집합건물법'이라고 한다) 제29조 제1항이 정한 규약 설정의 요건을 충족하지 못하여 효력이 없고, 따라서 그 관리단규약의 위임에 따라 피고가 제정한 관리비부과징수에관한세칙 역시 효력이 없다고 판단하였다.

기록에 비추어 살펴보면, 원심의 위와 같은 사실인정과 판단은 정당한 것으로 수긍할 수 있고, 피고가 상고이유에서 주장하는 사정만으로는 위 관리단규약이 규약 설정의 요건을 갖추어 유효하다거나, 구분소유자들의 묵시적 동의 또는 추인에 의해 유효해진 것으로 볼 수 없다.

원심판결에는 상고이유로 주장하는 바와 같은, 판결에 영향을 미친 채증법칙 위반이나 법리오해, 심리미진 등의 위법이 없다.

3. 집합건물법상 관리비의 부담에 관한 법리오해 주장에 대하여

원심판결 이유에 의하면 원심은, 이 사건 집합건물 중 554호, 561호, 565호(이하 '이 사건 각 점포'라고 한다)의 소유권을 취득한 원고와 선정자 소외인(이하 '원고 등'이라고 한다)에 대하여, 이 사건 각 점포의 전 소유자들이 체납한 공용부분 관리비와 소유권 취득일 이후 이 사건 각 점포에 부과된 관리비의 지급을 구하는 피고의 이 사건 반소청구에 대하여, 이 사건 집합건물의 구분소유자에 대한 관리비 징수의 근거인 피고의 관리단규약과 관리비부과징수에관한세칙이 모두 효력이 없는 이상, 피고는 원고 등에 대하여 관리비의 지급을 구할 수 없다고 판단하였다.

그러나 원심의 위와 같은 판단은 다음과 같은 이유로 수긍할 수

없다.

집합건물법 제17조는 "각 공유자는 규약에 달리 정함이 없는 한 그 지분의 비율에 따라 공용부분의 관리비용 기타 의무를 부담한다.", 제25조 제1항은 "관리인은 공용부분의 보존·관리 및 변경을 위한 행위와 관리단의 사무의 집행을 위한 분담금액 및 비용을 각 구분소유자에게 청구·수령하는 행위 및 그 금원을 관리하는 행위를 할 권한과 의무를 가진다."라고 규정하고 있는바, 이에 의하면, 집합건물법상 관리단인 피고는 관리비징수에 관한 유효한 관리단규약 등이 존재하지 않더라도, 집합건물법 제25조 제1항 등에 따라 적어도 공용부분에 대한 관리비는 이를 그 부담의무자인 구분소유자에 대하여 청구할 수 있다고 봄이 상당하다 할 것이다.

따라서 원심으로서는, 이 사건 각 점포의 전 소유자나 원고 등에게 부과된 관리비 중 어느 부분이 공용부분 관리비에 해당하는지를 더 심리하여 그에 해당하는 관리비는 원고 등이 승계하여 부담하거나 또는 직접 부담한다고 판단하여야 하고, 나아가 원고 등이 이 사건 각 점포의 소유권을 취득한 이후 원고 등에게 부과된 관리비 중 공용부분 관리비에 해당하지 않는 관리비의 경우에도, 원고 등에게 그 납부의무를 인정할 만한 특별한 사정이 있는지 여부를 살펴보아 그 납부의무 유무를 판단했어야 할 것임에도, 피고의 관리단규약 등이 효력이 없다는 이유만으로 피고가 원고 등에 대하여 관리비의 지급을 구할 수 없다고 판단하고 말았으니, 이러한 원심의 판단에는 집합건물법상 관리비의 부담에 관한 법리를 오해하고 심리를 다하지 아니하여 판결에 영향을 미친 위법이 있다고 할 것이다. 상고이유 중 이 점을 지적하는 부분은 이유 있다.

4. 결론

그러므로 원심에서 확장된 반소청구 부분에 대한 피고의 상고를 각하하고, 원심판결의 반소에 관한 부분 중 나머지 부분을 파기하여 이 부분 사건을 다시 심리·판단하게 하기 위하여 원심법원에 환송하기로 하여, 관여 대법관의 일치된 의견으로 주문과 같이 판결한다.

대법관 이홍훈(재판장) 김영란 김능환 차한성(주심)

판례 7. 서면에 의한 합의

대법원 2006.12.8. 선고 2006다33340 판결

[관리비등][미간행]

【참조조문】

[1] 집합건물의 소유 및 관리에 관한 법률 제23조 제1항

[2] 집합건물의 소유 및 관리에 관한 법률 제24조 제2항, 제41조 제1항

[3] 집합건물의 소유 및 관리에 관한 법률 제24조 제2항, 제41조 제1항

【참조판례】

[1] 대법원 2002. 12. 27. 선고 2002다45284 판결(공2003상, 506)

대법원 2005. 11. 10. 선고 2003다45496 판결(공2005하, 1930)

[2] 대법원 1995. 3. 10.자 94마2377 결정(공1995상, 1699)

대법원 2005. 4. 21. 선고 2003다4969 전원합의체 판결(공2005상, 746)

【전 문】

【원고, 피상고인】 원고 주식회사

【피고(선정당사자), 상고인】 피고

【원심판결】 서울고법 2006. 5. 4. 선고 2005나44789 판결

【주 문】

상고를 기각한다. 상고비용은 피고(선정당사자)가 부담한다.

【이 유】

상고이유를 판단한다.

1. 집합건물의 소유 및 관리에 관한 법률(이하 '집합건물법'이라 한
   다) 제23조 제1항의 관리단은 어떠한 조직행위를 거쳐야 비로소
   성립되는 단체가 아니라 구분소유관계가 성립하는 건물이 있는
   경우 당연히 그 구분소유자 전원을 구성원으로 하여 성립되는 단
   체라 할 것이므로, 집합건물의 분양이 개시되고 입주가 이루어져
   서 공동관리의 필요가 생긴 때에는 그 당시의 미분양된 전유부분
   의 구분소유자를 포함한 구분소유자 전원을 구성원으로 하는 관
   리단이 설립된다 *(대법원 2005. 11. 10. 선고 2003다45496 판결 등 참
   조).*

   <u>한편, 집합건물법 제41조 제1항은 "관리단집회에서 결의할 것
   으로 정해진 사항에 관하여 구분소유자 및 의결권의 각 5분의
   4 이상의 서면에 의한 합의가 있는 때에는 관리단집회의 결의
   가 있는 것으로 본다."고 규정하고 있고, 집합건물법 제24조
   제2항에 의하면 관리인선임 결의는 관리단집회에서 결의할 것
   으로 정한 사항에 해당하므로, 관리인선임 결의 역시 집합건물
   법 제41조 제1항에 의한 서면결의가 가능하고, 이러한 서면결
   의는 관리단집회가 열리지 않고도 관리단집회의 결의가 있는
   것과 동일하게 취급하고자 하는 것이어서 그와 같은 서면결의
   를 함에 있어서는 관리단집회가 소집, 개최될 필요가 없다고
   할 것</u>이다 *(대법원 1995. 3. 10.자 94마2377 결정, 2005. 4. 21. 선고
   2003다4969 전원합의체 판결 등 참조).*

   원심은, 그 채용 증거들에 의하여, 피고(선정당사자, 이하 '피고'

라고만 한다)와 나머지 선정자들을 포함한 이 사건 **집합건물의
각 구분소유자들은 '입점일 이후에는 건축주인 소외인 외 3인
을 이 사건 집합건물의 관리인으로 한다.'는 내용이 포함된 분
양계약서에 의하여 분양계약을 체결**하였고, 이어 소외인 외 3인
은 소외인을 이 사건 집합건물의 관리자로 하는 데 서면합의한
사실, 이에 따라 소외인은 2003. 1.경부터 이 사건 집합건물을
관리하다가, 관리업무의 효율을 위하여 2003. 3. 31.경 원고 회
사를 설립하고 그 이후부터는 원고 회사에게 이 사건 집합건물의
관리업무를 맡기고 있는 사실을 인정한 다음, 이 사건 집합건물
과 같이 건축주 겸 분양자가 건물을 완공하여 일단 자기의 소유
로 등기를 마친 후 구분점포를 분양하는 경우에는 분양에 소요되
는 기간 등 통상의 분양 실정에 비추어 분양 및 입주가 상당한
정도에 이를 때까지 건축주가 관리인의 역할을 수행하는 것은 집
합건물의 관리를 위한 하나의 방법으로서 어느 정도 합리성을 가
진다고 볼 수 있는 점 등을 종합하여, 미분양된 전유부분의 구분
소유자들(건축주인 소외인 외 3인)을 포함한 이 사건 **집합건물의
구분소유자 전원은 위 분양계약서 등을 통해 소외인을 이 사건
집합건물의 관리인으로 하는 데 서면합의를 하였고, 위 서면합
의로써 소외인을 관리인으로 선임하는 관리단집회의 결의가 있
는 것으로 볼 수 있으므로, 결국 관리인으로 선임된 소외인으
로부터 이 사건 집합건물의 관리업무를 위탁받은 원고 회사는
이 사건 집합건물의 관리업무를 수행할 정당한 권한을 갖는다
고 판단**하였다.
앞서 본 법리와 기록에 비추어 살펴보면, 이 사건 **집합건물의 건
축주와 수분양자들은 그 개별적 분양계약을 통하여, 수분양자
들의 구분소유권 취득을 전제로 관리단 설립 이후의 관리인 선
임에 관하여 사전에 서면으로 합의한 것이고, 수분양자들 사이
에서도 그러한 개별적 서면합의를 상호 수용하는 데 묵시적으**

로 동의하였다고 봄이 상당하므로, 원심의 위와 같은 판단은 정당한 것으로 수긍할 수 있고, 거기에 상고이유로서 주장하는 바와 같이 관리단집회의 결의에 갈음하는 서면결의에 관한 법리오해 등의 위법이 있다고 할 수 없다.

2. 또한 원심은, 피고가 2003. 10. 13. 개최된 입주자대표회의에서 새로운 관리인으로 적법하게 선임되었으므로 피고에게 이 사건 집합건물의 관리권한이 있다는 피고의 주장에 대하여, 피고가 제출한 그 거시의 증거들만으로는 위 주장사실에 대한 입증이 부족하다고 하면서, 오히려 그 판시와 같이 피고가 위 입주자대표회의에서 적법한 관리인으로 선임되었다고 볼 수 없는 사실관계를 인정하여 위 주장을 배척하였다.

관련 증거를 기록에 비추어 살펴보면, 원심의 이러한 판단은 정당하고, 거기에 상고이유에서 주장하는 바와 같은 채증법칙 위배로 인한 사실오인, 심리미진, 법리오해 등의 위법이 있다고 볼 수 없다.

3. 그러므로 상고를 기각하고, 상고비용은 패소자가 부담하는 것으로 하여 관여 대법관의 일치된 의견으로 주문과 같이 판결한다.

대법관 김능환(재판장) 김용담 박시환(주심) 박일환

판례 8. 위탁회사의 관리비 청구소송 당사자

대법원 2016. 12. 15. 선고 2014다87885, 87892 판결

[관리비·건물인도등][공2017상,85]

【참조조문】

[1] 민사소송법 제51조, 제87조, 신탁법 제6조, 제7조

[2] 민사소송법 제51조, 제87조, 구 주택법(2015. 8. 11. 법률 제 13474호로 개정되기 전의 것) 제43조 제2항(현행 공동주택관리법 제5조 제1항 참조), 제5항(현행 공동주택관리법 제12조 참조), 제45조 제1항(현행 공동주택관리법 제23조 제1항 참조)

【참조판례】

[1] 대법원 1984. 2. 14. 선고 83다카1815 판결(공1984, 508)

대법원 2012. 5. 10. 선고 2010다87474 판결(공2012상, 977)

【전 문】

【원고(반소피고), 피상고인】 관진개발 주식회사 (소송대리인 법무법인 (유한) 태평양 담당변호사 한위수 외 1인)

【피고(반소원고), 상고인】 피고(반소원고) (소송대리인 변호사 진종한)

【원심판결】 서울고법 2014. 11. 20. 선고 2014나13671, 13688 판결

【주 문】

상고를 기각한다. 상고비용은 피고(반소원고)가 부담한다.

【이 유】

상고이유(상고이유서 제출기간이 지난 후에 제출된 각 상고이유보충서의 기재는 상고이유를 보충하는 범위 내에서)를 판단한다.

1. 상고이유 제1점, 제2점에 대하여

　가. 재산권에 관한 소송에서 소송물인 권리 또는 법률관계에 관한 관리처분권을 가지는 권리주체가 관련 소송을 제3자에게 위임하여 하게 하는 것은 임의적 소송신탁에 해당하므로 원칙적으로 허용되지 않는다. 다만 민사소송법 제87조가 정한 변호사대리의 원칙이나 신탁법 제6조가 정한 소송신탁의 금지 등을 회피하기 위한 탈법적인 것이 아니고, 이를 인정할 합리적인 이유와 필요가 있는 경우에는 예외적·제한적으로 허용될 수 있다*(대법원 1984. 2. 14. 선고 83다카1815 판결, 대법원 2012. 5. 10. 선고 2010다87474 판결 등 참조)*.

　　집합건물의 관리단이 관리비의 부과·징수를 포함한 관리업무를 위탁관리회사에 포괄적으로 위임한 경우에는, 통상적으로 관리비에 관한 재판상 청구를 할 수 있는 권한도 함께 수여한 것으로 볼 수 있다. 이 경우 위탁관리회사가 관리업무를 수행하는 과정에서 체납관리비를 추심하기 위하여 직접 자기 이름으로 관리비에 관한 재판상 청구를 하는 것은 임의적 소송신탁에 해당한다. 그러나 다수의 구분소유자가 집합건물의 관리에 관한 비용 등을 공동으로 부담하고 공용부분을 효율적으로 관리하기 위하여 구분소유자로 구성된 관리단이 전문 관리업체에 건물 관리업무를 위임하여 수행하도록 하는 것은 합리적인 이유와 필요가 있고, 그러한 관리방식이 일반적인 거래현실이며, 관리비의 징수는 그 업무수행에 당연히 수반되는 필수적인 요소이다. 또한 집합건물의 일종인 일정 규모 이상의 공동주택에 대해서는 주택관리업자에게 관리업무를 위임하고 주택관리업자가 관리비에 관한 재판상 청구를 하는 것이 법률의 규정에 의하여 인정되고 있다[구 주택법(2015. 8. 11. 법률 제13474호로 개정되기 전의 것) 제43조 제2항, 제5항, 제45조 제1항].

이러한 점 등을 고려해 보면 **관리단으로부터 집합건물의 관리업무를 위임받은 위탁관리회사는 특별한 사정이 없는 한 구분소유자 등을 상대로 자기 이름으로 소를 제기하여 관리비를 청구할 당사자적격이 있다고 할 것이다.**

나. 원심판결 및 원심이 인용한 제1심판결 이유에 의하면, 원심은 그 판시와 같은 사실을 인정한 다음, 원고(반소피고, 이하 '원고'라고만 한다)가 이 사건 관리용역계약을 통해 구분소유자들이 미납한 관리비 채권에 관한 소송수행권까지 부여받은 것으로 봄이 상당하고, 이러한 임의적 소송신탁은 변호사대리의 원칙이나 신탁법상 소송신탁의 금지를 잠탈할 염려가 없고 이를 인정할 합리적 필요가 있다고 인정되므로, 원고는 구분소유자인 피고(반소원고, 이하 '피고'라고만 한다)를 상대로 미납된 관리비를 재판상 청구할 권한이 있다고 판단하였다.

이러한 원심판단은 앞에서 본 법리에 의한 것으로서 정당하고, 거기에 상고이유 주장과 같이 임의적 소송신탁에 관한 법리오해나 처분권주의 위반 등의 잘못이 없다.

2. 상고이유 제3점, 제4점에 대하여

원심은, 원고는 망 소외인 또는 피고의 동의 내지 묵시적 동의 아래 이 사건 건물 중 3층 관리사무실 부분을 점유·사용하였고, 3층 창고 및 6층 관리사무실 부분을 점유·사용하고 있으므로, 피고에게 3층 창고 및 6층 관리사무실 부분을 인도하거나 위 각 건물 부분에 대한 임료상당의 부당이득을 반환의무가 없다고 판단하였다.

이러한 원심판단을 다투는 이 부분 상고이유 주장은, 사실심인 원심의 전권사항인 증거의 취사선택과 사실인정을 탓하는 것에 불과하여 적법한 상고이유로 볼 수 없다.

3. 결론

이에 관여 대법관의 일치된 의견으로 상고를 기각하고, 상고비용은 패소자가 부담하도록 하여 주문과 같이 판결한다.

대법관 권순일(재판장) 박병대(주심) 박보영 김재형

(출처 : 대법원 2016. 12. 15. 선고 2014다87885 판결[관리비·건물인도등] 〉종합법률정보 판례)

판례 9. 임차인의 관리비 부담의무

대법원 2012.6.28. 선고 2012다19154 판결

[보증금반환][미간행]

【판시사항】

임차인이 임대차목적물을 사용·수익하는 동안 사용·수익을 위하여 그 목적물에 관하여 발생한 관리비·수도료·전기료 등 용익에 관한 채무가 임대차보증금에 의하여 담보되는 임차인의 채무에 속하는지 여부(원칙적 적극)

【참조조문】

민법 제618조

【참조판례】

대법원 2005. 9. 28. 선고 2005다8323, 8330 판결(공2005하, 1677)

【전 문】

【원고, 피상고인】 원고

【피고, 상고인】 피고 1 외 1인

【원심판결】 서울고법 2012. 2. 1. 선고 (춘천)2011나1939 판결

【주 문】

원심판결 중 피고 1에 대한 부분을 파기하고, 이 부분 사건을 서울고등법원에 환송한다. 피고 2의 상고를 기각한다. 상고비용 중 피고 2의 상고로 인한 부분은 같은 피고가 부담한다.

【이 유】

상고이유를 판단한다.

1. 피고 1의 상고이유에 대하여

원심은 피고 1의 주장, 즉 원고가 피고 1로부터 이 사건 모텔을 임차한 후인 2009. 8.경부터 이 사건 모텔을 인도한 2010. 1. 18.까지 이 사건 모텔을 사용·수익하는 동안 발생한 전기요금 중 그 미납액이 원고가 반환을 구하는 이 사건 임대차보증금에서 공제되어야 한다는 주장에 대하여, 원고가 전기요금을 납부하지 아니하였다는 사정만으로는 임대인인 피고 1이 임차인인 원고에게 그 미납액의 지급을 구할 수 없다는 이유로 위 주장을 배척하였다.

그러나 원심의 위와 같은 판단은 쉽사리 수긍할 수 없다.

임대차계약에 있어서 임대차보증금은 임대차계약 종료 후 목적물을 임대인에게 인도할 때까지 발생하는 임대차에 관한 임차인의 모든 채무를 담보한다. 따라서 그 피담보채무 상당액은 임대차관계의 종료 후 목적물이 반환될 때에 특별한 사정이 없는 한 별도의 의사표시 없이 보증금에서 당연히 공제되는 것이므로 임대인은 임대차보증금에서 그 피담보채무를 공제한 나머지만을 임차인에게 반환할 의무가 있다. 그리고 <u>임차인이 임대차목적물을 사용·수익하는 동안 그 사용·수익을 위하여 그 목적물에 관하여 발생한 관리비·수도료·전기료 등 용익에 관한 채무는 임대차계약에서 달리 약정하였다는 등의 특별한 사정이 없는 한 임대차 관계의 성질상 임대차보증금에 의하여 담보되는 임차인의 채무에 속한다고 할 것이다</u>*(대법원 2005. 9. 28. 선고 2005다8323, 8330 판결 등 참조).*

또한 기록에 의하면, 이 사건 모텔에 대한 전기공급사업자인 한국전력공사가 2011. 11. 25.자로 발급한 '고객종합정보내역'상 고객의 성명이 피고 1로 표시되어 있고, 이 사건 모텔에 대한 전기사용계약이 2010. 1. 18.자로 해지된 것으로 기재되어 있는 점 등에 비추어 한국전력공사에 대한 관계에서도 위 해지 전까지 이 사건 모텔에서 사용된 전기요금의 납부의무자는 피고 1이라고 추단할 수 있다(을 제6호증. 기록 524면 참조).

그렇다면 달리 특별한 사정이 없는 한 임대인인 피고 1이 한국전력공사에 위 전기요금을 실제로 납부하였는지에 관계없이 이 사건 모텔의 **임차인인 원고로서는 위 피고에게 이 사건 모텔을 사용·수익하는 동안 발생한 전기요금 상당액을 지급할 의무가 있고, 이는 원고가 반환을 구하는 이 사건 임대차보증금에 의하여 담보되는 채무로서 임대차관계의 종료 후 그 목적물인 이 사건 모텔이 반환될 때에 보증금에서 당연히 공제된다고 보아야 할 것**이다.

그럼에도 원심이 앞서 본 바와 같은 이유만으로 피고 1의 위 주장을 배척한 것은 임대차관계에 있어서의 보증금에 관한 법리를 오해하거나 필요한 심리를 다하지 아니하여 판결에 영향을 미친 위법이 있다고 할 것이다. 이 점을 지적하는 취지의 상고이유 주장은 이유 있다.

2. 피고 2의 상고이유에 대하여

관련 법리에 비추어 기록을 살펴보면, 원심이 피고 1이 피고 2와 사이에 이 사건 매매계약을 체결할 당시 채무초과의 상태에 있었음을 전제로 이 사건 매매계약이 원고를 비롯한 피고 1의 채권자들을 해하는 사해행위에 해당한다고 보고, 수익자인 피고 2의 선의 항변에 대하여 그 입증이 부족하다는 이유로 이를 배척한 것은 정당하다. 거기에 상고이유로 주장한 바와 같이 논리와 경험의 법칙에 위반하여 사실을 인정하거나 사해행위에 있어서 수익자의 선의에 관한 법리를 오해하는 등으로 판결 결과에 영향을 미친 위법이 있다고 할 수 없다.

3. 결론

그러므로 원심판결 중 피고 1의 패소 부분을 파기하고 이 부분 사건을 다시 심리·판단하게 하기 위하여 원심법원에 환송하며 피고 2의 상고를 기각하고 상고비용 중 피고 2의 상고로 인한 부분은 패소자가 부담하기로 하여, 관여 대법관의 일치된 의견으로 주문과 같이 판결한다.

대법관 김용덕(재판장) 전수안 양창수(주심) 이상훈

(출처 : 대법원 2012.06.28. 선고 2012다19154 판결[보증금반환] 〉종합법률정보 판례)

판례 10. 공유자의 연대책임

대법원 2009.11.12. 선고 2009다54034,54041 판결
[부당이득금][공2009하,2099]

【판시사항】

【참조조문】

[1] 민법 제105조, 제266조 제1항, 집합건물의 소유 및 관리에 관한
   법률 제10조, 제12조, 제17조 [2] 상법 제46조 제9호, 제57조
   제1항, 제151조

【전 문】

【원고(반소피고), 피상고인】원고

【피고(반소원고), 상고인】피고

【원심판결】 창원지법 2009. 6. 12. 선고 2008나15876, 15883 판결

【주 문】

원심판결 중 반소에 관한 피고(반소원고) 패소부분을 파기하고, 이
부분 사건을 창원지방법원 본원 합의부에 환송한다.

【이 유】

상고이유를 본다.

공유자가 공유물의 관리에 관하여 제3자와의 사이에 계약을 체결한
경우에 그 계약에 기하여 제3자가 지출한 관리비용의 상환의무를 누
가 어떠한 내용으로 부담하는가는 일차적으로 당해 계약의 해석으로
정하여진다. 공유자들이 공유물의 관리비용을 각 지분의 비율로 부담
한다는 내용의 민법 제266조 제1항은 공유자들 사이의 내부적인 부

담관계에 관한 규정일 뿐인 것이다. 한편 상법 제57조는 "**수인이 그 1인 또는 전원에게 상행위가 되는 행위로 인하여 채무를 부담한 때에는 연대하여 변제할 책임이 있다**"고 정하고, 숙박업은 공중접객업으로서 거기에 정하는 상행위에 해당한다(상법 제151조, 제46조 제9호 참조). // 지분비율이 아닌 연대책임

원심이 채택한 증거들 및 기록에 의하면, 원고와 그 자녀들인 소외 1, 소외 2(이하 합하여 '원고 등'이라고 한다)은 이 사건 건물 중 6층 전유부분 전부(601호) 및 7층 전유부분 전부(701호)의 공유자인 사실, 원고 등은 2006년 8월경 위 601호 및 701호를 사업장으로 하는 숙박업(상호는 ' ○○모텔'이다)의 공동사업자로 사업자등록을 한 후 영업을 하고 있는 사실, 피고는 이 사건 건물의 입주자들로 구성된 단체로서 이 사건 건물의 관리업무를 담당하면서 입주자들로부터 관리비를 징수하여 온 사실, 원고 등은 위 사업장에 대한 관리비가 부당하게 과다산정되었다고 주장하면서 2007년 1월분부터 관리비의 일부를 미납하기 시작하였고, 피고는 이 사건 반소로써 위 미납 관리비 및 연체료를 청구하고 있는 사실을 알 수 있다.

위와 같은 사실관계를 앞서 본 법리에 비추어 보면, 원고 등은 다른 특별한 사정이 없는 한 공동으로 피고와의 사이에 위 숙박사업장의 관리에 관한 계약을 체결하였다고 할 것이고, 또 그 계약은 원고 등에 있어서 상행위임이 명백하다. 따라서 원고는 소외 1, 소외 2와 연대하여 위 관리비 등 전액에 관하여 피고에게 그 지급의무를 부담한다.

원심은 '집합건물의 소유 및 관리에 관한 법률'을 들어 원고는 자신의 지분비율에 따라 위 관리비 등을 분할하여 납부할 의무가 있다는 취지로 판단하였다. 그러나 위 법률 제10조, 제12조, 제17조는 집합건물의 공용부분을 구분소유자의 전유부분 면적비율에 의한 공유로 하고, 공용부분의 관리비용은 규약에 달리 정함이 없는 한 그 지분비율에 따라 부담한다는 내용으로서, 앞서 본 민법 제266

조 제1항과 같이 공용부분의 관리비용 부담에 관한 구분소유자들의 내부관계에 관한 규정일 뿐이고, 공유인 전유부분에 대한 관리비용의 부담에 관하여 제3자에 대한 대외적인 책임이 문제된 이 사건에 적용될 수 있는 규정이 아니다.

결국 원심판결에는 공유물관리비용의 부담에 관한 법리를 오해하여 판결결과에 영향을 미친 위법이 있다. 이 점을 지적하는 취지의 상고이유의 주장은 이유 있다.

그러므로 원심판결 중 반소에 관한 피고 패소부분을 파기하고 이 부분 사건을 다시 심리·판단하게 하기 위하여 원심법원에 환송하기로 하여, 관여 대법관의 일치된 의견으로 주문과 같이 판결한다.

대법관 김지형(재판장) 양승태 전수안 양창수(주심)

(출처 : 대법원 2009.11.12. 선고 2009다54034 판결[부당이득금] 〉종합법률정보 판례)

판례 11. 특별승계인의 관리비부담 범위

대법원 2006.6.29. 선고 2004다3598,3604 판결

[채무부존재확인및손해배상·채무부존재확인등][공2006.8.15.(256),1397]

【참조조문】

[1] 집합건물의 소유 및 관리에 관한 법률 제18조

[2] 집합건물의 소유 및 관리에 관한 법률 제17조, 제18조

[3] 집합건물의 소유 및 관리에 관한 법률 제17조, 제18조

[4] 집합건물의 소유 및 관리에 관한 법률 제18조, 제28조, 제42조 제1항, 민법 제750조

[5] 집합건물의 소유 및 관리에 관한 법률 제17조

【참조판례】

[1] 대법원 2001. 9. 20. 선고 2001다8677 전원합의체 판결(공 2001하, 2258)

【전 문】

【원고(반소피고), 피상고인 겸 상고인】원고 유한회사 (소송대리인 변호사 이수완외 1인)

【피고(반소원고), 상고인 겸 피상고인】피고 관리단 (소송대리인 변호사 이해진)

【원심판결】서울고법 2003. 12. 12. 선고 2003나12498, 12504 판결

【주 문】

원심판결을 파기하고, 사건을 서울고등법원으로 환송한다.

【이 유】

상고이유를 본다.

1. 공용부분 관리비의 범위에 관하여

집합건물의 소유 및 관리에 관한 법률(이하 '집합건물법'이라고 한다) 제18조에서는 공유자가 공용부분에 관하여 다른 공유자에 대하여 가지는 채권은 그 특별승계인에 대하여도 행사할 수 있다고 규정하고 있는데, 이는 집합건물의 공용부분은 전체 공유자의 이익에 공여하는 것이어서 공동으로 유지·관리되어야 하고 그에 대한 적정한 유지·관리를 도모하기 위하여는 소요되는 경비에 대한 공유자 간의 채권은 이를 특히 보장할 필요가 있어 공유자의 특별승계인에게 그 승계의사의 유무에 관계없이 청구할 수 있도록 하기 위하여 특별규정을 둔 것이므로, 전(전) 구분소유자의 특별승계인에게 전 구분소유자의 체납관리비를 승계하도록 한 관리규약 중 공용부분 관리비에 관한 부분은 위와 같은 규정에 터 잡은 것으로 유효하다 (대법원 2001. 9. 20. 선고 2001다8677 전원합의체 판결 참조).

그리고 부과된 관리비가 공용부분에 관한 관리비인지 여부는 개개의 관리비 항목의 성질 및 그 구체적 사용내역에 따라 판단되어야 할 것이나, 위와 같은 입법 취지에 비추어 볼 때 여기서 말하는 공용부분 관리비에는 집합건물의 공용부분 그 자체의 직접적인 유지·관리를 위하여 지출되는 비용뿐만 아니라, 전유부분을 포함한 집합건물 전체의 유지·관리를 위해 지출되는 비용 가운데에서도 입주자 전체의 공동의 이익을 위하여 집합건물을 통일적으로 유지·관리해야 할 필요가 있어 이를 일률적으로 지출하지 않으면 안 되는 성격의 비용은 그것이 입주자 각자의 개별적인 이익을 위하여 현실적·구체적으로 귀속되는 부분에 사용되는 비용으로 명확히 구분될 수 있는 것이 아니라

면, 모두 이에 포함되는 것으로 봄이 상당하다. 한편, 관리비 납부를 연체할 경우 부과되는 연체료는 위약벌의 일종이고, 전(전) 구분소유자의 특별승계인이 체납된 공용부분 관리비를 승계한다고 하여 전 구분소유자가 관리비 납부를 연체함으로 인해 이미 발생하게 된 법률효과까지 그대로 승계하는 것은 아니라 할 것이어서, 공용부분 관리비에 대한 연체료는 특별승계인에게 승계되는 공용부분 관리비에 포함되지 않는다.

그런데 기록에 의하면, 이 사건 상가건물의 관리규약상 관리비 중 일반관리비, 장부기장료, 위탁수수료, 화재보험료, 청소비, 수선유지비 등은 모두 입주자 전체의 공동의 이익을 위하여 집합건물을 통일적으로 유지·관리해야 할 필요에 의해 일률적으로 지출되지 않으면 안 되는 성격의 비용에 해당하는 것으로 인정되고, 그것이 입주자 각자의 개별적인 이익을 위하여 현실적·구체적으로 귀속되는 부분에 사용되는 비용으로 명확히 구분될 수 있는 것이라고 볼 만한 사정을 찾아볼 수 없는 이상 전(전) 구분소유자의 특별승계인인 원고에게 승계되는 공용부분 관리비로 보아야 할 것이다.

그렇다면 원심이 위 각 관리비 항목 중 청소비와 수선유지비를 공용부분 관리비로 보아 원고에게 승계된다고 판단한 것은 정당하다. 그러나 그 외 일반관리비, 장부기장료, 위탁수수료, 화재보험료 등에 관하여 이는 전유부분과 공용부분 모두의 유지·관리를 위한 것으로서, 그 각 해당 금액 중 원고가 소유하는 건물면적에 대한 공용부분이 차지하는 면적의 비율로 산정된 금액만 원고에게 승계되고 또 공용부분 관리비에 대한 연체료도 승계된다고 본 원심의 판단에는 특별승계인에게 승계되는 공용부분 관리비의 범위에 관한 법리를 오해한 위법이 있다. 이 부분에 관한 원고와 피고의 각 해당 상고이유는 이유 있다.

2. 피고의 단전·단수 등의 조치로 인한 불법행위 성립 및 그 손해배

상의 범위에 관하여

원심판결 이유를 기록에 비추어 살펴보면, 원심이 그 판결에서 들고 있는 증거를 종합하여, '이 사건 상가건물의 관리규약에서는 관리비 체납이 3월 이상 연체된 경우 단전·단수 등의 조치를 취할 수 있도록 되어 있는데, 피고는, 원고가 이 사건 건물 중 8층 부분을 경락받아 구분소유권을 취득하자 전 구분소유자인 소외 주식회사가 체납한 관리비의 지급을 요구하며 원고가 경락받기 이전부터 해 오던 8층 부분에 대한 단전·단수 및 엘리베이터 운행정지의 조치를 2001. 10. 19.경까지 계속하여 원고로 하여금 그 기간 동안 8층 부분을 사용·수익하지 못하게 하였다.'는 사실을 인정한 다음, 피고의 위와 같은 사용방해행위가 원고에 대해 불법행위를 구성한다고 판단한 것은 정당한 것으로 수긍이 가고, 거기에 불법행위의 성립에 관한 법리오해 등의 잘못이 없다.

이에 관한 피고의 상고이유 주장은, 원고가 전 구분소유자의 체납관리비 중 공용부분 관리비를 승계할 의무가 있고, 이러한 체납관리비를 징수하기 위해 관리규약에 따라 단전·단수 등의 조치를 취한 것이므로 처음부터 불법행위를 구성하지 않거나, 적어도 원고가 승계된 체납관리비의 지급을 3개월 이상 연체한 때부터는 관리규약에 따른 적법한 단전·단수 등의 조치로 되어 불법행위가 되지 않는다는 것이다.

그러나 원고가 체납된 관리비 중 공용부분 관리비를 승계한다고 하여 전(전) 구분소유자의 관리비 연체로 인한 법률효과까지 승계하는 것은 아니어서 원고가 구분소유권을 취득하였다는 점만으로 원고가 승계된 관리비의 지급을 연체하였다고 볼 수 없음은 분명한 것이므로, 원고가 구분소유권을 승계하였음에도 전 구분소유자에 대해 해 오던 단전·단수 등의 조치를 유지한 것은 관리규약에 따른 적법한 조치에 해당한다고 볼 수 없다. 나아가 단전·단수 등의 조치가 적법한 행위로서 불법행위를 구성하지 않기 위해서는 그 조치가 관리규약을 따른 것이었다는 점만으로는 부족하고, 그와 같은 조치를 하게 된 동기와 목적, 수단과 방법, 조치에 이르게 된 경위, 그로 인하여 입주자가 입게 된 피해의 정도 등 여러 가지 사정을 종합하여 사회통념상 허용될 만한 정도의 상당성이 있어 위법성이 결여된 행위로 볼 수 있는 경우에 한한다 할 것인데, 이 사건의 경우 원고에 대하여 행하여진 당초의 단전·단수 등의 조치가 불법행위에 해당하고 원고가 이를 다투며 관리비 지급을 거부하였다는 것이므로, 그런 와중에 3개월이 경과됨으로써 3개월 이상 관리비 연체라는 관리규약상의 요건이 충족되었다 하더라도 그러한 사정만으로 종전부터 계속되어 오던 피고의 위법한 단전·단수 등의 조치가 그 시점부터 사회통념상 허용될 만한 정도의 상당성이 있는 행위로서 적법행위로 된다고 할 수는 없는 것이다. 원심의 이 부분 설시에 다소 미흡한 점이 있으나 결과에 있어 정당하고, 피고의 이 부분 상고이유의 주장은 모두 이유 없다.

한편, 원심은 피고의 위와 같은 불법행위로 인하여 원고가 입은 손해액을 산정하면서, '피고가 원고의 사용·수익을 방해한 것은 전 구분소유자의 체납관리비를 원고가 승계하는지 여부가 그 원인이 되었고, 원고는 체납관리비 중 공용부분에 관한 관리비를 승계하게 되었으므로, 손해의 공평한 분담이라는 손해배상법의 이념에 비추어 피고의 책임비율을 원고가 소유하는 건물 전체면적 중 전유부분이 차지하는 면적의 비율로 제한함이 상당하다.'고 판단하였다.

그러나 피고의 단전·단수 등의 조치가 관리규약에서 정한 적법한 요건을 갖추지 못한 위법한 것이었던 점과 단전·단수 등의 조치를 하게 된 경위 및 그로 인하여 원고가 입게 된 손해의 정도 등에 비추어 보면, 원심이 들고 있는 사정들을 감안하더라도 피고의 손해배상책임을 그와 같이 제한한 것이 손해의 공평한 분담이라는 손해배상법의 이념에 부합한다고 보기 어렵고, 달리 이를 수긍할 만한 뚜렷한 근거도 찾을 수 없다. 그런데도 원심이 그 판시와 같은 사정만으로 피고의 손해배상책임의 범위를 제한함이 상당하다고 본 것은 손해배상책임의 범위에 관한 필요한 심리를 다하지 아니하였거나 손해배상책임의 제한에 관한 법리를 오해하여 판결 결과에 영향을 미친 잘못이 있다. 원고의 이 부분 상고이유 주장은 이유 있다.

3. 피고의 방해로 인한 사용불능기간에 발생한 관리비의 부담 여부에 관하여

집합건물의 관리단 등 관리주체의 위법한 단전·단수 및 엘리베이터 운행정지 조치 등 불법적인 사용방해행위로 인하여 건물의 구분소유자가 그 건물을 사용·수익하지 못하였다면, 그 구분소유자로서는 관리단에 대해 그 기간 동안 발생한 관리비채무를 부담하지 않는다고 보아야 한다.

원심이 '피고의 불법행위로 인하여 원고가 이 사건 건물 중 8층 부분을 사용·수익하는 것이 불가능하였던 기간에 발생한 관리비채무를 부담하지 않는다.'고 판단한 것은 위와 같은 법리를 따른 것으로 정당하다.

이에 관한 피고의 상고이유 주장은, 불법행위로 인한 사용불능기간 중 원고가 관리비를 부담하지 않는다면, 원고는 피고로부터 불법행위로 인한 손해를 배상받음으로써 사용·수익을 한 것과 같은 이익을 누리면서 관리비지급채무를 면하는 2중의 이득을 얻게 되어 부당하다는 것이다. 그러나 그와 같은 이익은 불법행위로 인한 손해배상액을 산정하면서 손익상계의 문제로 고려되면 충분하므로 원고가 관리비채무를 부담하지 않는다고 하여 반드시 부당한 결과에 이른다고 볼 수 없다. 이 부분에 관한 피고의 상고이유 주장은 이유 없다.

4. 결 론

그러므로 나머지 상고이유에 대한 판단을 생략한 채 원심판결을 파기하고, 이 사건을 다시 심리·판단하게 하기 위하여 원심법원에 환송하기로 하여 관여 대법관의 일치된 의견으로 주문과 같이 판결한다.

대법관 고현철(재판장) 강신욱 양승태 김지형(주심)

판례 12. 총회결의 없는 총유재산에 관한소송의 적법 여부

대법원 2011.7.28. 선고 2010다97044 판결

[손해배상(기)][공2011하,1771]

【참조조문】

[1] 민사소송법 제249조

[2] 민사소송법 제52조, 제58조, 제64조, 제134조

[3] 민사소송법 제52조, 제58조, 제64조, 제134조

[4] 민법 제31조, 제276조 제1항, 민사소송법 제52조

[5] 민법 제31조, 제276조 제1항, 민사소송법 제52조

【참조판례】

[1] 대법원 1996. 10. 11. 선고 96다3852 판결(공1996하, 3310)

대법원 1999. 11. 26. 선고 98다19950 판결(공2000상, 20)

[2] 대법원 2009. 1. 30. 선고 2006다60908 판결(공2009상, 219)

[4] 대법원 1994. 10. 25. 선고 94다28437 판결(공1994상, 3101)

대법원 2007. 7. 26. 선고 2006다64573 판결(공2007하, 1353)

【전 문】

【원고, 피상고인 겸 상고인】 사단법인 한국장애인부모회 전라북도지회
(소송대리인 변호사 최태형외 1인)

【피고, 상고인 겸 피상고인】 사회복지법인 한마음

【피고, 상고인】 피고 2 (소송대리인 법무법인 백제 담당변호사 김영 외 4인)

【원심판결】광주고법 2010. 11. 5. 선고 (전주)2009나698 판결

【주 문】

원심판결을 파기하고, 사건을 광주고등법원에 환송한다.

【이 유】

1. 당사자표시정정의 적법성에 관한 피고들의 상고이유를 판단한다.

당사자는 소장에 기재된 표시 및 청구의 내용과 원인사실 등 소장의 전취지를 합리적으로 해석하여 확정하여야 하고, 이와 같이 확정된 당사자와 동일성이 인정되는 범위 내에서라면 올바른 당사자로 그 표시를 정정하는 것은 허용된다(대법원 1996. 10. 11. 선고 96다3852 판결, 대법원 1999. 11. 26. 선고 98다19950 판결 등 참조).

기록에 의하면, 이 사건 소장에는 사단법인 한국장애인부모회(이하 '중앙회'라 한다)가 원고로 기재되어 있었던 사실, 제1심은 1차 변론준비기일에서 사단법인 한국장애인부모회 전라북도지회(이하 '전북지회'라 한다)가 정관을 가지고 있다는 점 등을 확인한 다음 원고대리인에게 석명권을 행사한 사실, 이후 원고가 중앙회를 전북지회로 정정하는 당사자표시정정신청을 하자, 제1심은 3차 변론준비기일부터 위 정정신청이 적법하다고 보아 변론 등을 진행하였고 그 판결문에도 원고를 전북지회로 기재한 사실을 알 수 있다.

그런데 원심 및 제1심이 적법하게 채택한 증거들과 기록에 의하여 알 수 있는 다음과 같은 사정 즉, ① 소장 제출 당시 중앙회를 원고로 표시하였던 것은 전북지회가 당사자능력이 있는지 여부가 확실하지 않았기 때문이었던 점, ② 이 사건 소장에는 비록 원고가 중앙회인 것처럼 기재되어 있기는 하나, 원고의 표시 중 '소관'란에는 전북지회를 의미하는 '전라북도 장애인부모회'를 함께 기재함으로써 실질적인 소송당사자가 전북지회라는 뜻을 표시한 바 있는 점, ③ 소장 기재 청구원인에서도 피고들이 전북지회에 대한 불법행위를 함으로써 전북지회가 손해를 입었음을 주장하는 한편 전북지회의 자산임대료 보증금 등을 기초로 청구취지 기재 손해액을 산정하였던 점, ④ 소장에 첨부하여 제출한 증거들 중 고소장에는 '전북지회'가 고소인으로 기재되어 있는 점 등을 종합하여 보면, 이 사건의 원고는 소장의 일부 기재에도 불구하고 전북지회로 확정되었다고 봄이 상당하다.

같은 취지에서 제1심이 당사자표시정정을 허용한 것은 적법하고, 거기에 상고이유에서 주장하는 바와 같은 당사자표시정정에 관한 법리오해의 위법이 있다고 할 수 없다.

2. 나머지 상고이유에 대한 판단에 앞서 직권으로 판단한다.

가. <u>비법인사단이 당사자인 사건에 있어서 대표자에게 적법한 대표권이 있는지 여부는 소송요건에 관한 것으로서 법원의 직권조사사항</u>이므로, 법원으로서는 그 판단의 기초자료인 사실과 증거를 직권으로 탐지할 의무까지는 없다 하더라도 이미 제출된 자료에 의하여 그 <u>대표권의 적법성에 의심이 갈만한 사정이 엿보인다면 그에 관하여 심리·조사할 의무가 있다</u>(대법원 2009. 1. 30. 선고 2006다60908 판결)

원심 및 제1심이 적법하게 채택한 증거들과 기록에 의하면, 피고들이 2010. 4. 22.자 준비서면 진술을 통해 원고의 대표자라 하여 당사자표시정정신청을 한 소외인에게 원고를 대표할 권한이 없다는 취지의 주장을 하자, 원고는 2010. 10. 8.자 준비서면 진술을 통해 '소외인이 이사회에서 지회장으로 선출되었다'는 취지의 주장을 한 사실, 그런데 원고가 스스로 내세우는 자신의 정관(갑 제3호증의 2)에 의하면 '본회의 회장은 총회에서 선임한다(제13조 제1항), 총회는 회원으로 구성하며 자격은 본회에 회원가입신청서를 제출한 자로 연회비가 2년 이상 미납되지 아니한 자로 한다(제23조), 총회는 본 정관에 따로 정한 바를 제외하고는 구성원 과반수의 출석과 출석인원 과반수의 찬성으로 의결한다(제29조)'라고 규정하고 있는 사실, 한편 원고가 자신의 회원현황임을 주장하며 증거로 제출한 전북지회 회원현황(갑 제58호증)에는 2004년까지 회원으로 가입한 회원수가 331명으로 기재되어 있는 사실, 그럼에도 불구하고 2005. 11. 11. 소외인을 지회장으로 선출하였다는 임시총회 회의록(갑 제46호증)에는 실제로 위 회의에 참석하거나 권한을 위임함으로써 의결권을 행사한 사람이 모두 17명으로 기재되어 있는 사실을 알 수 있다.

사정이 이와 같다면, 원심으로서는 원고가 주장하는 바와 같이 지회장을 이사회에서 선출하는 것이 적법한지, 만약 적법하다면 그 구체적인 근거는 무엇인지, 2005. 11. 11.자 회의에서 소외인을 지회장으로 선출한 것이 적법한지 등에 관하여 나아가 심리·조사함으로써 소외인이 원고의 적법한 대표자였는지 여부를 밝혀 보았어야 할 것이다. 그럼에도 불구하고 원심은 소외인을 원고의 대표자로 인정한 다음 더 나아가 본안에 대한 판단까지 하였으니, 이러한 원심판결에는 비법인사단의 대표권 및 직권조사사항에 관한 법리를 오해함으로써 판결에 영향을 미친 위법이 있다고 할 것이다.

나. **비법인사단이 총유재산에 관한 소송을 제기함에 있어서는 정관에 다른 정함이 있다는 등의 특별한 사정이 없는 한 사원총회의 결의를 거쳐야 하는 것이므로, 비법인사단이 이러한 사원총회의 결의 없이 그 명의로 제기한 소송은 소송요건이 흠결된 것으로서 부적법**하다(*대법원 1994. 10. 25. 선고 94다28437 판결, 대법원 2007. 7. 26. 선고 2006다64573 판결 등 참조*).

기록에 의하면, 피고들이 2010. 4. 22.자 준비서면 진술을 통해 이 사건 소가 총회의 결의 없이 제기된 것이어서 부적법하다는 주장을 하였음에도 불구하고, 원고는 이에 대하여 아무런 주장도 하지 않았을 뿐만 아니라 총회 결의 등에 관한 자료를 전혀 제출하지 아니한 사실을 알 수 있다. 사정이 이와 같다면, 원심으로서는 직권으로 이 사건 소제기에 관하여 총회의 결의를 거친 것인지 등에 대하여 심리·조사함으로써 이 사건 소가 적법한 것인지 여부를 밝혀보았어야 할 것이다. 그럼에도 불구하고 원심은 이에 관하여 아무런 심리도 하지 아니한 채 본안에 대하여 나아가 판단하였으니, 이러한 원심판결에는 소송요건에 관한 법리를 오해함으로써 판결에 영향을 미친 위법이 있다고 할 것이다.

3. 결론

그러므로 원심판결을 파기하고, 사건을 다시 심리·판단하게 하기 위하여 원심법원에 환송하기로 하여 관여 대법관의 일치된 의견으로 주문과 같이 판결한다.

대법관 이인복(재판장) 김능환 안대희(주심) 민일영

(출처 : 대법원 2011.07.28. 선고 2010다97044 판결[손해배상(기)] 〉종합법률정보 판례)

판례 13. 수분양자의 묵시적 서면합의

대법원 2006.12.8. 선고 2006다33340 판결

[관리비등][미간행]

【참조조문】

[1] 집합건물의 소유 및 관리에 관한 법률 제23조 제1항

[2] 집합건물의 소유 및 관리에 관한 법률 제24조 제2항, 제41조 제1항

[3] 집합건물의 소유 및 관리에 관한 법률 제24조 제2항, 제41조 제1항

【참조판례】

[1] 대법원 2002. 12. 27. 선고 2002다45284 판결(공2003상, 506)

대법원 2005. 11. 10. 선고 2003다45496 판결(공2005하, 1930)

[2] 대법원 1995. 3. 10.자 94마2377 결정(공1995상, 1699)

대법원 2005. 4. 21. 선고 2003다4969 전원합의체 판결(공2005상, 746)

【전 문】

【원고, 피상고인】 원고 주식회사

【피고(선정당사자), 상고인】 피고

【원심판결】서울고법 2006. 5. 4. 선고 2005나44789 판결

【주 문】

상고를 기각한다. 상고비용은 피고(선정당사자)가 부담한다.

【이 유】

상고이유를 판단한다.

1. 집합건물의 소유 및 관리에 관한 법률(이하 '집합건물법'이라 한다) 제23조 제1항의 관리단은 어떠한 조직행위를 거쳐야 비로소 성립되는 단체가 아니라 구분소유관계가 성립하는 건물이 있는 경우 당연히 그 구분소유자 전원을 구성원으로 하여 성립되는 단체라 할 것이므로, 집합건물의 분양이 개시되고 입주가 이루어져서 공동관리의 필요가 생긴 때에는 그 당시의 미분양된 전유부분의 구분소유자를 포함한 구분소유자 전원을 구성원으로 하는 관리단이 설립된다 (대법원 2005. 11. 10. 선고 2003다45496 판결 등 참조). 한편, 집합건물법 제41조 제1항은 "관리단집회에서 결의할 것으로 정해진 사항에 관하여 구분소유자 및 의결권의 각 5분의 4 이상의 서면에 의한 합의가 있는 때에는 관리단집회의 결의가 있는 것으로 본다."고 규정하고 있고, 집합건물법 제24조 제2항에 의하면 관리인선임 결의는 관리단집회에서 결의할 것으로 정한 사항에 해당하므로, 관리인선임 결의 역시 집합건물법 제41조 제1항에 의한 서면결의가 가능하고, 이러한 서면결의는 관리단집회가 열리지 않고도 관리단집회의 결의가 있는 것과 동일하게 취급하고자 하는 것이어서 그와 같은 서면결의를 함에 있어서는 관리단집회가 소집, 개최될 필요가 없다고 할 것이다 (대법원 1995. 3. 10.자 94마2377 결정, 2005. 4. 21. 선고 2003다4969 전원합의체 판결 등 참조).

원심은, 그 채용 증거들에 의하여, 피고(선정당사자, 이하 '피고'라고만 한다)와 나머지 선정자들을 포함한 이 사건 집합건물의 각 구분소유자들은 '입점일 이후에는 건축주인 소외인 외 3인을

이 사건 집합건물의 관리인으로 한다.'는 내용이 포함된 분양계약
서에 의하여 분양계약을 체결하였고, 이어 소외인 외 3인은 소외
인을 이 사건 집합건물의 관리자로 하는 데 서면합의한 사실, 이
에 따라 소외인은 2003. 1.경부터 이 사건 집합건물을 관리하다
가, 관리업무의 효율을 위하여 2003. 3. 31.경 원고 회사를 설립
하고 그 이후부터는 원고 회사에게 이 사건 집합건물의 관리업무
를 맡기고 있는 사실을 인정한 다음, 이 사건 집합건물과 같이
건축주 겸 분양자가 건물을 완공하여 일단 자기의 소유로 등기를
마친 후 구분점포를 분양하는 경우에는 분양에 소요되는 기간 등
통상의 분양 실정에 비추어 분양 및 입주가 상당한 정도에 이를
때까지 건축주가 관리인의 역할을 수행하는 것은 집합건물의 관
리를 위한 하나의 방법으로서 어느 정도 합리성을 가진다고 볼
수 있는 점 등을 종합하여, 미분양된 전유부분의 구분소유자들(건
축주인 소외인 외 3인)을 포함한 이 사건 집합건물의 구분소유자
전원은 위 분양계약서 등을 통해 소외인을 이 사건 집합건물의
관리인으로 하는 데 서면합의를 하였고, 위 서면합의로써 소외인
을 관리인으로 선임하는 관리단집회의 결의가 있는 것으로 볼 수
있으므로, 결국 관리인으로 선임된 소외인으로부터 이 사건 집합
건물의 관리업무를 위탁받은 원고 회사는 이 사건 집합건물의 관
리업무를 수행할 정당한 권한을 갖는다고 판단하였다.

앞서 본 법리와 기록에 비추어 살펴보면, 이 사건 **집합건물의 건**
축주와 수분양자들은 그 개별적 분양계약을 통하여, 수분양자
들의 구분소유권 취득을 전제로 관리단 설립 이후의 관리인 선
임에 관하여 사전에 서면으로 합의한 것이고, 수분양자들 사이
에서도 그러한 개별적 서면합의를 상호 수용하는 데 묵시적으
로 동의하였다고 봄이 상당하므로, 원심의 위와 같은 판단은 정
당한 것으로 수긍할 수 있고, 거기에 상고이유로서 주장하는 바
와 같이 관리단집회의 결의에 갈음하는 서면결의에 관한 법리오

해 등의 위법이 있다고 할 수 없다.

2. 또한 원심은, 피고가 2003. 10. 13. 개최된 입주자대표회의에서 새로운 관리인으로 적법하게 선임되었으므로 피고에게 이 사건 집합건물의 관리권한이 있다는 피고의 주장에 대하여, 피고가 제출한 그 거시의 증거들만으로는 위 주장사실에 대한 입증이 부족하다고 하면서, 오히려 그 판시와 같이 피고가 위 입주자대표회의에서 적법한 관리인으로 선임되었다고 볼 수 없는 사실관계를 인정하여 위 주장을 배척하였다.

관련 증거를 기록에 비추어 살펴보면, 원심의 이러한 판단은 정당하고, 거기에 상고이유에서 주장하는 바와 같은 채증법칙 위배로 인한 사실오인, 심리미진, 법리오해 등의 위법이 있다고 볼 수 없다.

3. 그러므로 상고를 기각하고, 상고비용은 패소자가 부담하는 것으로 하여 관여 대법관의 일치된 의견으로 주문과 같이 판결한다.

대법관 김능환(재판장) 김용담 박시환(주심) 박일환

(출처 : 대법원 2006.12.08. 선고 2006다33340 판결[관리비등] 〉종합법률정보 판례)

판례 14. 관리인 해임의 소는 고유필수적 공동소송

대법원 2011.6.24. 선고 2011다1323 판결

[관리인해임][공2011하,1471]

【참조조문】

[1] 집합건물의 소유 및 관리에 관한 법률 제24조 제3항

[2] 민사소송법 제67조

[3] 집합건물의 소유 및 관리에 관한 법률 제24조 제3항, 민사소송
법 제67조

【참조판례】

[1] 대법원 1976. 2. 11.자 75마533 결정(공1976, 9001)

[2] 대법원 2003. 12. 12. 선고 2003다44615, 44622 판결(공
2004상, 129)

대법원 2010. 4. 29. 선고 2008다50691 판결

【전 문】

【원고, 피상고인】원고 1 외 9인

【피고, 상고인】피고 1

【피 고】동대문밀리오레관리단

【원심판결】서울고법 2010. 12. 2. 선고 2010나66981 판결

【주 문】

원심판결을 파기하고, 사건을 서울고등법원에 환송한다.

【이 유】

상고이유에 대한 판단에 앞서 직권으로 본다.

이 사건 집합건물의 구분소유자들인 원고들은 제1심에서 피고 동대문밀리오레관리단(이하 '피고 관리단'이라 한다)의 관리인인 피고 1에게 부정한 행위나 그밖에 그 직무를 수행하기에 적합하지 아니한 사정이 있다는 이유로 집합건물의 소유 및 관리에 관한 법률(이하 '집합건물법'이라 한다) 제24조 제3항에 근거하여 피고들을 상대로 관리인인 피고 1의 해임을 청구한 사실, 제1심에서 원고들 승소 판결이 선고되었으나 피고 관리단은 항소하지 않았고 피고 1만 항소한 사실은 기록상 명백하다.

그런데 원심은 위와 같은 소송관계에 대하여 원고들과 피고 1만을 당사자로 취급하여 이들에게 변론기일을 통지하고 심리를 진행한 다음 선고기일을 통지하고 판결을 선고하면서 피고 1의 항소를 기각하였다.

그러나 **집합건물법 제24조 제3항 소정의 관리인 해임의 소는 관리단과 관리인 사이의 법률관계의 해소를 목적으로 하는 형성의 소이므로 그 법률관계의 당사자인 관리단과 관리인 모두를 공동피고로 하여야 하는 고유필수적 공동소송에 해당한다고 할 것**이다 *(대법원 1976. 2. 11.자 75마533 결정 참조).*

한편 공동소송인과 상대방 사이에 판결의 합일확정을 필요로 하는 고유필수적 공동소송에 있어서는 공동소송인 중 일부가 제기한 상소 또는 공동소송인 중 일부에 대한 상대방의 상소는 다른 공동소송인에게도 그 효력이 미치는 것이므로 공동소송인 전원에 대한 관계에서 판결의 확정이 차단되고 그 소송은 전체로서 상소심에 이심되며, 상소심판결의 효력은 상소를 하지 아니한 공동소송인에게 미치므로 상소심으로서는 공동소송인 전원에 대하여 심리·판단하여야 한다*(대법원 2003. 12. 12. 선고 2003다44615, 44622 판결 참조).* 이러한 고유필수적 공동소송에 대하여 본안판결을 할 때에는 공동소송인 전원에 대한 하나의 종국판결을 선고하여야 하는 것이지 공동소송인 일부에 대해서만 판결하거나 남은 공동소송인에 대해 추가판결을 하는 것은 모두 허용될 수 없다*(대법원 2010. 4. 29. 선고 2008다50691 판결 참조).*

이러한 법리에 비추어 앞서 본 이 사건 소송경과를 살펴보면, 고유 필수적 공동소송인 이 사건 소송에서 원고들의 피고들에 대한 청구는 그 전체가 당연히 항소심의 심판대상이 되어야 하므로, 원심으로서는 피고 관리단도 당사자로 취급하여 하나의 전부판결을 선고했어야 함에도 이를 간과하였다. 이러한 원심의 조치는 민사소송법 제67조에 정하여진 필수적 공동소송의 심판에 관한 법령을 위반하여 판결 결과에 영향을 미쳤다고 할 것이고, 원심판결의 이러한 위법사유는 직권으로 조사하여야 할 사항에 해당하므로 상고인의 상고이유에 대하여 나아가 살펴볼 필요 없이 원심판결은 파기를 면할 수 없다.

그러므로 원심판결을 파기하고, 사건을 다시 심리·판단하게 하기 위하여 원심법원에 환송하기로 하여 관여 대법관의 일치된 의견으로 주문과 같이 판결한다.

대법관 전수안(재판장) 김지형 양창수 이상훈(주심)

(출처 : 대법원 2011.06.24. 선고 2011다1323 판결[관리인해임] 〉종합법률정보 판례)

판례 15. 집회에서의 구분소유자 수

대법원 2011.10.13. 선고 2009다65546 판결/[관리비등]

【참조조문】

[1] 집합건물의 소유 및 관리에 관한 법률 제41조 제1항

[2] 집합건물의 소유 및 관리에 관한 법률 제24조 제2항, 제38조 제1항, 제41조 제1항

【전 문】

【원고, 피상고인】뉴코아중동백화점관리단

【피고, 상고인】피고 (소송대리인 변호사 이창근)

【원심판결】서울고법 2009. 7. 17. 선고 2009나9418 판결

【주 문】

원심판결을 파기하고, 사건을 서울고등법원에 환송한다.

【이 유】

상고이유를 판단한다.

1. 원심은 제1심판결 이유를 인용하여, 이 사건 관리단규약은 집합건물법 제41조 제1항에 의하여 구분소유권자 및 의결권의 각 5분의 4 이상의 서면 결의에 의하여 설정되었어야 하는데 이 중 구분소유권자의 서면 결의 요건을 충족하지 못하여 이 사건 관리단규약은 무효이고, 따라서 위 관리단규약에 의하여 의결권의 과반수 찬성으로 선출된 원고의 대표자 소외인은 대표권이 없으므로 그가 원고를 대표하여 제기한 이 사건 소가 부적법하다는 피고의 본안전항변에 대하여, 한 사람이 집합건물 내에 수 개의 구분점포를 소유하고 있는 경우 그 구분소유권의 수대로 구분소유

자의 수를 계산하여야 한다고 전제한 후 판시 증거에 의하여 2002. 8.경 이 사건 백화점의 구분소유자 2,284명 중 1,832명 (구분소유자의 80.21%), 의결권 45,064,799㎡ 중 40,880,587㎡ (의결권의 90.72%)가 각 서면 결의하여 이 사건 관리단규약을 제정한 사실과 소외인이 이 사건 관리단규약에 따라 관리단집회에서 전체 의결권의 과반수 찬성으로 선출된 사실을 인정한 다음, 이 사건 관리단규약은 집합건물법 제41조 제1항이 정한 서면 결의의 요건을 충족하여 적법하게 설정되었고, 소외인은 관리단규약에 따라 적법하게 선출되었다고 판단하여 피고의 본안 전 항변을 배척하였다.

2. 그러나 위와 같은 원심의 판단은 다음과 같은 이유로 수긍할 수 없다.

집합건물의 소유 및 관리에 관한 법률 제41조 제1항 본문은 "이 법 또는 규약에 따라 관리단집회에서 결의할 것으로 정한 사항에 관하여 구분소유자의 5분의 4 이상 및 의결권의 5분의 4 이상이 서면으로 합의하면 관리단집회에서 결의한 것으로 본다."고 규정하고 있는데, 위 서면 결의의 요건을 구분소유자의 수와 의결권의 수로 정함으로써 집합건물에 대하여 인적 측면에서 공동생활관계와 재산적 측면에서 공동소유관계를 함께 고려하여 공정하고 원활하게 이를 유지, 관리하려는 데 그 입법 취지가 있는 점과 위 규정의 문언이 '구분소유자'라고 정하고 있는 점에 비추어 보면 위 규정에서 정한 구분소유자의 서면 결의의 수를 계산함에 있어서 한 사람이 그 집합건물 내에 수 개의 구분건물을 소유한 경우에는 이를 1인의 구분소유자로 보아야 한다.

따라서 원심으로서는 이 사건 관리단규약의 설정에 관한 위 서면 결의의 요건을 심리함에 있어 집합건물인 이 사건 백화점 내에 수 개의 구분점포를 소유한 사람을 1인의 구분소유자로 계산하여 이 사건 관리단규약이 유효하게 설정되었는지를 살펴보고, 이 사건 관리단규약이 구분소유자의 서면 결의의 요건을 충족하지 못하여 무효라면 원고의 대표자가 **집합건물의 소유 및 관리에 관한 법률 제24조 제2항, 제38조 제1항**에 의하여 관리단집회에서 구분소유자의 과반수 및 의결권의 과반수로써 선출되어야 함에도 이 사건 관리단규약에서 정한 바에 따라 관리단집회에서 의결권의 과반수로써 선출되었으므로 그 대표권이 없다고 판단하였어야 할 것인데도 앞서 본 바와 같은 이유로 피고의 본안전항변을 배척하고 말았으니, 이 부분 원심판결에는 구분소유자의 서면 결의의 요건에 관한 법리를 오해하여 판결 결과에 영향을 끼친 위법이 있다. 이 점을 지적하는 상고이유의 주장은 이유 있다.

3. 그러므로 나머지 상고이유에 대한 판단을 생략한 채 원심판결을 파기하고 사건을 원심법원에 환송하기로 하여, 관여 대법관의 일치된 의견으로 주문과 같이 판결한다.

대법관 신영철(재판장) 박시환(주심) 차한성 박병대

(출처 : 대법원 2011.10.13. 선고 2009다65546 판결[관리비등])

판례 16. 체납자에 대한 단전단수

대법원 2004. 5. 13. 선고 2004다2243 판결

[가처분이의][공2004.6.15.(204),961]

【참조조문】

[1] 집합건물의소유및관리에관한법률 제28조 , 제29조

[2] 집합건물의소유및관리에관한법률 제28조 , 제29조

【전 문】

【채권자,피상고인】 주식회사 라이온개발

【채무자,상고인】 테크노마트21관리단 (소송대리인 법무법인 삼풍합동 법률사무소 담당변호사 김기왕)

【원심판결】 서울고법 2003. 12. 2. 선고 2003나28776 판결

【주문】

원심판결을 파기하고, 사건을 서울고등법원에 환송한다.

【이유】

1. 원심은, 구분소유자가 규약에서 정한 업종준수의무를 위반할 경우 단전·단수 등 제재조치를 할 수 있다고 규정한 채무자 관리단 규약 제12조의 규정(이하 '이 사건 조항'이라 한다)의 유효 여부에 관하여, 단전 등의 제재조치는 사실상 부작위의무인 업종제한을 지키게 하기 위한 간접강제의 수단으로 기능하는데, 이는 간접강제의 방법으로 민사집행법이 규정하고 있는 손해배상이 아닌, 사인에 의한 물리력 행사를 인정하고 있는 점, 집합건물의 특성을 고려하여 의무위반자에 대한 제재조치를 규정한 집합건물의소유및관리에관한법률(이하 '집합건물법'이라 한다) 또한 구분소유자의

전유부분에 대한 본질적 침해를 전제로 하는 사용금지청구나 경매청구를 관리인이나 구분소유권자가 직접 하도록 하지 아니하고 법원에 소를 제기하도록 하고 있는 점, 만약 위와 같은 제재조치를 관리인이 하도록 허용한다면 구분소유권의 본질적 부분을 제한하는 것을 사인에게 맡기는 결과가 되어 부당하고, 관리인은 위와 같은 조치를 집합건물법상의 제재조치보다 손쉽게 할 수 있게 되므로 구분소유자에게는 가혹한 결과를 초래한다는 점, 이러한 제재조치는 단순히 채무자측에서 공급하는 용역을 중단하는 것이 아니라 채무자의 지배영역을 넘어선 부분을 통제함으로써 구분소유자인 채권자의 영업행위를 불가능하게 하는 강제적 조치인 점 등에 비추어 보면, 이러한 제재조치를 법원에 소구함이 없이 직접 관리인에게 허용한 이 사건 조항은 필요하고 합리적인 범위를 넘는 것으로서 무효라고 판단한 다음, 채권자의 이 사건 가처분신청, 즉 채무자가 이 사건 조항에 터잡아 채권자 소유의 이 사건 점포에 대한 단전조치 등을 하여서는 아니된다는 신청을 받아들인 가처분결정을 인가하였다.

2. 그러나 원심의 이러한 판단은 다음과 같은 이유로 수긍할 수 없다.
집합건물법 제28조는 "건물과 대지 또는 부속시설의 관리 또는 사용에 관한 구분소유자 상호간의 사항 중 이 법에서 규정하지 아니한 사항은 규약으로써 정할 수 있다."라고 규정하고, 같은 법 제29조는 "규약의 설정은 관리단집회에서 구분소유자 및 의결권의 각 4분의 3 이상의 찬성을 얻어 행한다."고 규정하여 단체자치의 원칙에 따라 자율적으로 규약을 제정할 수 있음을 명시하고 있는데, 이러한 절차에 따라 제정된 집합건물의 규약은 그 내용이 강행법규에 위반된다거나 구분소유자의 소유권을 필요하고 합리적인 범위를 벗어나 과도하게 침해 내지 제한함으로써 선량한 풍속 기타 사회질서에 위반된다고 볼 정도로 사회관념상 현저히 타당성을 잃었다고 여겨지는 등의 특별한 사정이 있는 경우를 제외하고는 이를 유효한 것으로 시인하여야 할 것이다. 기록에 의하여 알 수 있는 다음과 같은 사정, 즉 이 사건 규약은 적법한 절차에 의하여 제정되었고, 공동주택과는 달리 상가에 대한 단전 등의 조치는 구분소유자의 생활에 미치는 영향은 적고 단지 영업을 하지 못함으로 인한 금전적 손해만을 가져오는 것이며, 집합건물에 관한 단체법적 법률관계를 규율함에 있어서 단전 등의 조치 이외에는 달리 위반메뉴의 조리·판매만을 선별하여 중지시킬 다른 효과적인 제재수단을 상정하기 어렵고, 나아가 의무위반행위에 대하여 바로 단전 등의 제재조치가 가하여지는 것이 아니라 1차적으로 시정을 구하고 그에 불응할 때 비로소 제재조치로 나아가도록 되어 있고, 제재조치의 정도를 채무자 관리인이 임의로 정하는 것이 아니라 대표위원회의 결의에 의하여 미리 정하여진 양정기준에 따라 정하도록 되어 있으며, 위 규약이 위반행위의 정지시까지만 단전 등 조치를 취할 수 있도록 규정하고 있어 구분소유자로서는 일단 위반행위를 중지하면 바로 단전조치를 중단하도록 되어 있는 점 등에 비추어 보면, 이 사건 조항의 내용이 구분소유자의 소유권을 필요하고 합리적인 범위를 벗어나 과도하게 침해 내지 제한함으로써 사회관념상 현저히 타당성을 잃은 경우에 해당한다고는 보이지 아니하고, 또한 집합건물 구분소유자들이 상호간의 과다경쟁을 방지하고 공동의 이익을 도모하기 위하여 각자의 자유의사에 따른 협의로 업종을 제한하고, 이에 위반할 경우 구분소유권의 본질적 내용을 침해하지 아니하는 범위 내에서 자율적인 제재조치를 취하는 것은 단체자치의 원칙상 허용된다 할 것이고, 집합건물법 제43조 내지 제45조가 이를 완전히 금지하는 규정이라고 볼 수는 없으므로 이 사건 조항이 집합건물법의 강행규정에 위반된다고 할 수도 없다.

따라서 구분소유자의 규약위반행위에 대하여 단전 등의 제재조치를 할 수 있다고 규정한 이 사건 조항은 특별한 사정이 없는 한 유효하다고 할 것이고, 이와 달리 판단한 원심판결에는 집합건물에 있어서의 규약의 효력에 관한 법리를 오해하여 판결에 영향을 미친 위법이 있으며, 이 점을 지적하는 상고이유의 주장은 이유 있다.

3. 그러므로 원심판결을 파기하고, 사건을 원심법원에 환송하기로 하여 주문과 같이 판결한다.

대법관 이용우(재판장) 조무제 이규홍 박재윤(주심)

(출처 : 대법원 2004.05.13. 선고 2004다2243 판결[가처분이의])종합법률정보 판례)

판례 17. 단전단수의 조건

대법원 2006.6.29. 선고 2004다3598,3604 판결

[채무부존재확인및손해배상·채무부존재확인등][공2006.8.15.(256),1397]

【참조조문】

[1] 집합건물의 소유 및 관리에 관한 법률 제18조

[2] 집합건물의 소유 및 관리에 관한 법률 제17조, 제18조

[3] 집합건물의 소유 및 관리에 관한 법률 제17조, 제18조

[4] 집합건물의 소유 및 관리에 관한 법률 제18조, 제28조, 제42조
제1항, 민법 제750조

[5] 집합건물의 소유 및 관리에 관한 법률 제17조

【참조판례】

[1] 대법원 2001. 9. 20. 선고 2001다8677 전원합의체 판결(공
2001하, 2258)

【전 문】

【원고(반소피고), 피상고인 겸 상고인】원고 유한회사 (소송대리인 변호
사 이수완외 1인)

【피고(반소원고), 상고인 겸 피상고인】피고 관리단 (소송대리인 변호사
이해진)

【원심판결】서울고법 2003. 12. 12. 선고 2003나12498, 12504 판결

【주 문】

원심판결을 파기하고, 사건을 서울고등법원으로 환송한다.

【이 유】

상고이유를 본다.

1. 공용부분 관리비의 범위에 관하여

집합건물의 소유 및 관리에 관한 법률(이하 '집합건물법'이라고 한다) 제18조에서는 공유자가 공용부분에 관하여 다른 공유자에 대하여 가지는 채권은 그 특별승계인에 대하여도 행사할 수 있다고 규정하고 있는데, 이는 집합건물의 공용부분은 전체 공유자의 이익에 공여하는 것이어서 공동으로 유지·관리되어야 하고 그에 대한 적정한 유지·관리를 도모하기 위하여는 소요되는 경비에 대한 공유자 간의 채권은 이를 특히 보장할 필요가 있어 공유자의 특별승계인에게 그 승계의사의 유무에 관계없이 청구할 수 있도록 하기 위하여 특별규정을 둔 것이므로, 전(전) 구분소유자의 특별승계인에게 전 구분소유자의 체납관리비를 승계하도록 한 관리규약 중 공용부분 관리비에 관한 부분은 위와 같은 규정에 터 잡은 것으로 유효하다 *(대법원 2001. 9. 20. 선고 2001다8677 전원합의체 판결 참조).*

그리고 부과된 관리비가 공용부분에 관한 관리비인지 여부는 개개의 관리비 항목의 성질 및 그 구체적 사용내역에 따라 판단되어야 할 것이나, 위와 같은 입법 취지에 비추어 볼 때 여기서 말하는 <u>공용부분 관리비에는 집합건물의 공용부분 그 자체의 직접적인 유지·관리를 위하여 지출되는 비용뿐만 아니라, 전유부분을 포함한 집합건물 전체의 유지·관리를 위해 지출되는 비용 가운데에서도 입주자 전체의 공동의 이익을 위하여 집합건물을 통일적으로 유지·관리해야 할 필요가 있어 이를 일률적으로 지출하지 않으면 안 되는 성격의 비용은 그것이 입주자 각자의 개별적인 이익을 위하여 현실적·구체적으로 귀속되는 부분에 사용되는 비용으로 명확히 구분될 수 있는 것이 아니라면, 모</u>

두 이에 **포함되는 것으로 봄이 상당**하다. 한편, **관리비 납부를 연체할 경우 부과되는 연체료는 위약벌의 일종**이고, 전(전) 구분소유자의 특별승계인이 체납된 공용부분 관리비를 승계한다고 하여 전 구분소유자가 관리비 납부를 연체함으로 인해 이미 발생하게 된 법률효과까지 그대로 승계하는 것은 아니라 할 것이어서, **공용부분 관리비에 대한 연체료는 특별승계인에게 승계되는 공용부분 관리비에 포함되지 않는다.**

그런데 기록에 의하면, 이 사건 상가건물의 관리규약상 관리비 중 일반관리비, 장부기장료, 위탁수수료, 화재보험료, 청소비, 수선유지비 등은 모두 입주자 전체의 공동의 이익을 위하여 집합건물을 통일적으로 유지·관리해야 할 필요에 의해 일률적으로 지출되지 않으면 안 되는 성격의 비용에 해당하는 것으로 인정되고, 그것이 입주자 각자의 개별적인 이익을 위하여 현실적·구체적으로 귀속되는 부분에 사용되는 비용으로 명확히 구분될 수 있는 것이라고 볼 만한 사정을 찾아볼 수 없는 이상 전(전) 구분소유자의 특별승계인인 원고에게 승계되는 공용부분 관리비로 보아야 할 것이다.

그렇다면 원심이 위 각 관리비 항목 중 **청소비와 수선유지비를 공용부분 관리비로 보아 원고에게 승계된다고 판단한 것은 정당**하다. 그러나 그 외 일반관리비, 장부기장료, 위탁수수료, 화재보험료 등에 관하여 이는 전유부분과 공용부분 모두의 유지·관리를 위한 것으로서, 그 각 해당 금액 중 원고가 소유하는 건물면적에 대한 공용부분이 차지하는 면적의 비율로 산정된 금액만 원고에게 승계되고 또 공용부분 관리비에 대한 연체료도 승계된다고 본 원심의 판단에는 특별승계인에게 승계되는 공용부분 관리비의 범위에 관한 법리를 오해한 위법이 있다. 이 부분에 관한 원고와 피고의 각 해당 상고이유는 이유 있다.

2. 피고의 단전·단수 등의 조치로 인한 불법행위 성립 및 그 손해배

상의 범위에 관하여

원심판결 이유를 기록에 비추어 살펴보면, 원심이 그 판결에서 들고 있는 증거를 종합하여, '이 사건 상가건물의 관리규약에서는 관리비 체납이 3월 이상 연체된 경우 단전·단수 등의 조치를 취할 수 있도록 되어 있는데, 피고는, 원고가 이 사건 건물 중 8층 부분을 경락받아 구분소유권을 취득하자 전 구분소유자인 소외 주식회사가 체납한 관리비의 지급을 요구하며 원고가 경락받기 이전부터 해 오던 8층 부분에 대한 단전·단수 및 엘리베이터 운행정지의 조치를 2001. 10. 19.경까지 계속하여 원고로 하여금 그 기간 동안 8층 부분을 사용·수익하지 못하게 하였다.'는 사실을 인정한 다음, 피고의 위와 같은 사용방해행위가 원고에 대해 불법행위를 구성한다고 판단한 것은 정당한 것으로 수긍이 가고, 거기에 불법행위의 성립에 관한 법리오해 등의 잘못이 없다.

이에 관한 피고의 상고이유 주장은, 원고가 전 구분소유자의 체납관리비 중 공용부분 관리비를 승계할 의무가 있고, 이러한 체납관리비를 징수하기 위해 관리규약에 따라 단전·단수 등의 조치를 취한 것이므로 처음부터 불법행위를 구성하지 않거나, 적어도 원고가 승계된 체납관리비의 지급을 3개월 이상 연체한 때부터는 관리규약에 따른 적법한 단전·단수 등의 조치로 되어 불법행위가 되지 않는다는 것이다.

그러나 원고가 체납된 관리비 중 공용부분 관리비를 승계한다고 하여 전(前) 구분소유자의 관리비 연체로 인한 법률효과까지 승계하는 것은 아니어서 원고가 구분소유권을 취득하였다는 점만으로 원고가 승계된 관리비의 지급을 연체하였다고 볼 수 없음은 분명한 것이므로, 원고가 구분소유권을 승계하였음에도 전 구분소유자에 대해 해 오던 단전·단수 등의 조치를 유지한 것은 관리규약에 따른 적법한 조치에 해당한다고 볼 수 없다. 나아가 **단전·단수 등의 조치가 적법한 행위로서 불법행위를 구성하지 않기 위해**

서는 그 조치가 관리규약을 따른 것이었다는 점만으로는 부족하고, 그와 같은 조치를 하게 된 동기와 목적, 수단과 방법, 조치에 이르게 된 경위, 그로 인하여 입주자가 입게 된 피해의 정도 등 여러 가지 사정을 종합하여 사회통념상 허용될 만한 정도의 상당성이 있어 위법성이 결여된 행위로 볼 수 있는 경우에 한한다 할 것인데, 이 사건의 경우 원고에 대하여 행하여진 당초의 단전·단수 등의 조치가 불법행위에 해당하고 원고가 이를 다투며 관리비 지급을 거부하였다는 것이므로, 그런 와중에 3개월이 경과됨으로써 3개월 이상 관리비 연체라는 관리규약상의 요건이 충족되었다 하더라도 그러한 사정만으로 종전부터 계속되어 오던 피고의 위법한 단전·단수 등의 조치가 그 시점부터 사회통념상 허용될 만한 정도의 상당성이 있는 행위로서 적법행위로 된다고 할 수는 없는 것이다. 원심의 이 부분 설시에 다소 미흡한 점이 있으나 결과에 있어 정당하고, 피고의 이 부분 상고이유의 주장은 모두 이유 없다.

한편, 원심은 피고의 위와 같은 불법행위로 인하여 원고가 입은 손해액을 산정하면서, '피고가 원고의 사용·수익을 방해한 것은 전 구분소유자의 체납관리비를 원고가 승계하는지 여부가 그 원인이 되었고, 원고는 체납관리비 중 공용부분에 관한 관리비를 승계하게 되었으므로, 손해의 공평한 분담이라는 손해배상법의 이념에 비추어 피고의 책임비율을 원고가 소유하는 건물 전체면적 중 전유부분이 차지하는 면적의 비율로 제한함이 상당하다.'고 판단하였다.

그러나 피고의 단전·단수 등의 조치가 관리규약에서 정한 적법한 요건을 갖추지 못한 위법한 것이었던 점과 단전·단수 등의 조치를 하게 된 경위 및 그로 인하여 원고가 입게 된 손해의 정도 등에 비추어 보면, 원심이 들고 있는 사정들을 감안하더라도 피고의 손해배상책임을 그와 같이 제한한 것이 손해의 공평한 분담이라는 손해배상법의 이념에 부합한다고 보기 어렵고, 달리 이를 수긍할 만한 뚜렷한 근거도 찾을 수 없다. 그런데도 원심이 그 판시와 같은 사정만으로 피고의 손해배상책임의 범위를 제한함이 상당하다고 본 것은 손해배상책임의 범위에 관한 필요한 심리를 다하지 아니하였거나 손해배상책임의 제한에 관한 법리를 오해하여 판결 결과에 영향을 미친 잘못이 있다. 원고의 이 부분 상고이유 주장은 이유 있다.

3. 피고의 방해로 인한 사용불능기간에 발생한 관리비의 부담 여부에 관하여

집합건물의 관리단 등 관리주체의 위법한 단전·단수 및 엘리베이터 운행정지 조치 등 불법적인 사용방해행위로 인하여 건물의 구분소유자가 그 건물을 사용·수익하지 못하였다면, 그 구분소유자로서는 관리단에 대해 그 기간 동안 발생한 관리비채무를 부담하지 않는다고 보아야 한다.

원심이 '피고의 불법행위로 인하여 원고가 이 사건 건물 중 8층 부분을 사용·수익하는 것이 불가능하였던 기간에 발생한 관리비채무를 부담하지 않는다.'고 판단한 것은 위와 같은 법리를 따른 것으로 정당하다.

이에 관한 피고의 상고이유 주장은, 불법행위로 인한 사용불능기간 중 원고가 관리비를 부담하지 않는다면, 원고는 피고로부터 불법행위로 인한 손해를 배상받음으로써 사용·수익을 한 것과 같은 이익을 누리면서 관리비지급채무를 면하는 2중의 이득을 얻게 되어 부당하다는 것이다. 그러나 그와 같은 이익은 불법행위로 인한 손해배상액을 산정하면서 손익상계의 문제로 고려되면 충분하므로 원고가 관리비채무를 부담하지 않는다고 하여 반드시 부당한 결과에 이른다고 볼 수 없다. 이 부분에 관한 피고의 상고이유 주장은 이유 없다.

4. 결 론

그러므로 나머지 상고이유에 대한 판단을 생략한 채 원심판결을 파기하고, 이 사건을 다시 심리·판단하게 하기 위하여 원심법원에 환송하기로 하여 관여 대법관의 일치된 의견으로 주문과 같이 판결한다.

대법관 고현철(재판장) 강신욱 양승태 김지형(주심)

판례 18. 제척기간

대법원 2003. 8. 11. 자 2003스32 결정

[상속한정승인][공2003.10.15.(188),2022]

【참조조문】

민법 제1019조 제3항, 부칙(2002. 1. 14. 법률 제6591호) 제3항

【전 문】

【재항고인】재항고인 1외 2인 (소송대리인 변호사 이헌욱)

【원심결정】서울가법 2003. 5. 29. 자 2002브164 결정

【주문】

재항고를 모두 기각한다.

【이유】

민법 제1019조 제3항의 기간은 한정승인신고의 가능성을 언제까지나 남겨둠으로써 당사자 사이에 일어나는 법적 불안상태를 막기 위하여 마련한 제척기간이고, 경과규정인 개정 민법(2002. 1. 14. 법률 제6591호) 부칙 제3항 소정의 기간도 제척기간이라 할 것이며, 한편, 제척기간은 불변기간이 아니어서 그 기간을 지난 후에는 당사자가 책임질 수 없는 사유로 그 기간을 준수하지 못하였더라도 추후에 보완될 수 없다고 할 것이다.

같은 취지에서 원심이, 위 개정 민법 부칙 제3항에 의하여 행하여진 이 사건 한정승인신고는 같은 항에 규정된 제척기간인 개정 민법 시행일부터 3월 내에 이루어진 것이 아니어서 부적법하다고 판단한 조치는 정당하고, 거기에 재항고이유에서 주장하는 바와 같은 법리오해의 위법이 없다.

그러므로 재항고를 모두 기각하기로 하여 관여 법관의 일치된 의견으로 주문과 같이 결정한다.

대법관 조무제(재판장) 이규홍 손지열(주심)

(출처 : 대법원 2003.08.11. 자 2003스32 결정[상속한정승인] 〉종합법률정보 판례)

판례 19. 관리인의 직무집행정지의 효력

대법원 1995. 12. 12. 선고 95다31348 판결

[임시총회결의무효확인][공1996.2.1.(3),372]

【참조조문】

상법 제407조, 제408조, 민법 제59조

【참조판례】

대법원 1982. 3. 9. 선고 81다614 판결(공1982, 428)

대법원 1982. 4. 27. 선고 81다358 판결(공1982, 525)

대법원 1983. 3. 22. 선고 82다카1810 전원합의체 판결(공1983, 745)

대법원 1995. 3. 10. 선고 94다56708 판결(공1995상, 1595)

【전 문】

【원고,상고인】 이양록

【피고,피상고인】 광주지구청년회의소

【원심판결】 광주고등법원 1995. 6. 2. 선고 94나6658 판결

【주문】

원심판결을 파기하여 사건을 광주고등법원에 환송한다.

【이유】

상고이유를 본다.

기록에 의하면, 피고는 사단법인 한국청년회의소의 산하단체이나 그와 별도의 인적, 물적 조직을 갖추고 독립된 사회활동을 영위하는 법인격 없는 사단인바, 피고는 1993. 12. 31. 제13회 임시총회에서

소외 박성문을 피고를 대표할 1994년도 지구회장으로 선출한 사실, 원고는 위 제13회 임시총회가 정관 규정에 위반하여 개최된 것임을 들어 그 결의무효 확인을 구하는 이 사건 소송을 제기하여 제1심 법원은 의제자백으로 원고 승소의 판결을 선고하였는데, 제1심 판결이 피고에게 송달된 뒤인 1994. 9. 30. "이 사건 본안판결 확정시까지 위 박성문은 회장의 직무를 집행하여서는 아니되고, 위 직무집행정지 기간 중 소외 장경수를 회장 직무대행자로 선임한다."는 취지의 직무집행정지 및 직무대행자선임 가처분결정이 내려져 그 무렵 위 가처분결정이 피고에게 고지되었으나, 같은 해 10. 6. 위 박성문은 피고를 대표하여 제1심 판결에 대한 항소를 제기한 다음, 같은 달 26. 피고의 소송대리인으로 소외 김나복 변호사를 선임하여 위 소외인이 원심변론 종결시까지 피고소송대리인으로서 소송을 수행한 사실, 이에 대해 원고는 위 박성문은 위 직무집행정지가처분에 의해 피고 대표자로서의 권한이 정지당했음을 들어 위 박성문이 제기한 이 사건 항소는 부적법하고 피고소송대리인도 소송대리권이 없다는 취지의 본안전 항변을 하였으나, 원심법원은 원고의 위 본안전 항변에 대해 아무런 판단을 하지 아니한 채 본안 판단에 들어가 제1심 판결을 취소하고 원고의 청구를 기각하였음을 알 수 있다.

그러나 <u>민법상의 법인이나 법인이 아닌 사단 또는 재단의 대표자를 선출한 결의의 무효 또는 부존재 확인을 구하는 소송에서 그 단체를 대표할 자는 의연히 무효 또는 부존재 확인청구의 대상이 된 결의에 의해 선출된 대표자라 할 것이나(당원 1983. 3. 22. 선고 82다카 1810 전원합의체 판결 참조), 그 대표자에 대해 직무집행정지 및 직무대행자선임 가처분이 된 경우에는 그 가처분에 특별한 정함이 없는 한 그 대표자는 그 본안소송에서 그 단체를 대표할 권한을 포함한 일체의 직무집행에서 배제되고 직무대행자로 선임된 자가 대표자의 직무를 대행하게 되므로, 그 본안소송에서 그 단체를 대표할 자도 직무집행을 정지당한 대표자가 아니라</u>

대표자 직무대행자로 보아야 할 것이다(당원 1982. 3. 9. 선고 81다
614 판결, 1982. 4. 27. 선고 81다358 판결 각 참조).

따라서 위 박성문에 대한 위 **가처분결정이 고지됨과 동시에 위 박
성문은 일체의 직무집행에서 배제되는 결과 이 사건 소송에서 피
고를 대표할 권한도 상실하였다고 할 것**이므로, 민사소송법 제213
조, 제60조에 의해 소송절차가 중단되고 직무대행자가 이 사건 소송
을 수계하였어야 마땅하다 할 것이다.

그렇다면 제1심 판결에 대하여 위 박성문이 피고를 대표하여 제기한
항소는 소송절차 중단 중에 대표권이 없는 자에 의해 제기된 것으로
서 부적법하다고 할 것이므로, 원심으로서는 **원고의 본안전 항변을
받아들여 피고측에게 위와 같은 대표권의 흠결을 보정하도록 명하
여 만일 이를 보정하지 아니할 경우 항소를 각하하였어야 함에도**
불구하고, 이에 이르지 아니한 채 본안에 나아가 심리판단한 것은
회장 직무집행정지 및 직무대행자선임 가처분의 효력에 관한 법리를
오해함으로써 판결 결과에 영향을 미친 위법이 있다고 볼 수밖에 없
으므로, 이 점을 지적한 상고 논지는 이유 있다 할 것이다.

그러므로 원심판결을 파기하여 사건을 원심법원에 환송하기로 하여
관여 법관의 일치된 의견으로 주문과 같이 판결한다.

대법관 정귀호(재판장) 김석수 이돈희 이임수(주심)

판례 20. 특별수선충당금 전용, 횡령죄

대법원 2004. 5. 27. 선고 2003도6988 판결

[업무상횡령][공2004.7.1.(205),1120]

【참조조문】

　[1] 형법 제355조 제1항

　[2] 형법 제355조 제1항

　[3] 형법 제355조 제1항

　[4] 형법 제355조 제1항

【참조판례】

[1] 대법원 1997. 4. 22. 선고 96도8 판결(공1997상, 1677)

대법원 1997. 9. 26. 선고 97도1520 판결(공1997하, 3346)

대법원 1999. 7. 9. 선고 98도4088 판결(공1999하, 1671)

대법원 2000. 3. 14. 선고 99도4923 판결(공2000상, 1011)

대법원 2002. 5. 10. 선고 2001도1779 판결(공2002하, 1448)

대법원 2002. 8. 23. 선고 2002도366 판결(공2002하, 2263)

대법원 2002. 11. 22. 선고 2002도4291 판결(공2003상, 272)

[3] 대법원 1987. 2. 10. 선고 86도1607 판결(공1987, 477)

대법원 1989. 2. 28. 선고 88도1368 판결(공1989, 563)

대법원 1989. 12. 8. 선고 89도1220 판결(공1990, 297)

대법원 1996. 1. 23. 선고 95도784 판결(공1996상, 705)

대법원 2000. 4. 11. 선고 2000도565 판결(공2000상, 1224)

【전 문】

【상고인】 검사

【변호인】 법무법인 한길 담당변호사 안원모 외 1인

【원심판결】 서울지법 2003. 10. 29. 선고 2003노1307 판결

【주문】

원심판결 중 피고인 1, 피고인 3, 피고인 4에 대한 부분을 파기하고, 이 부분 사건을 서울중앙지방법원 합의부에 환송한다. 검사의 피고인 2에 대한 상고를 기각한다.

【이유】

1. 특별수선충당금 횡령의 점에 대한 판단

　원심은, 피고인 1, 피고인 3, 피고인 4가 제 1빌딩의 구분소유자들로부터 받아 업무상 보관중이던 특별수선충당금을 임의로 사용하여 횡령하였다는 이 부분 공소사실에 대하여, 그 거시 증거에 의하여 판시와 같은 사실을 인정한 다음, 그 사실관계를 기초로 제 1빌딩의 구분소유자들이 제 1빌딩의 관리회사인 공소외 주식회사에 납부한 특별수선충당금은 관리위탁계약에 의하여 관리업무의 대가로 교부한 것이므로 공소외 주식회사에게 소유권이 귀속되어 그 업무집행방법에 따라 처리될 성질의 돈이고, 구분소유자들을 위하여 보관되는 돈은 아니라는 이유로 피고인 1, 3, 4가 위 돈을 임의로 소비하였어도 횡령죄가 성립되지 않는다고 판단하였다.

그러나 원심의 이러한 판단은 수긍하기 어렵다.

타인으로부터 용도나 목적이 엄격히 제한된 자금을 위탁받아 집행하면서 그 제한된 용도 이외의 목적으로 자금을 사용한 경

우 횡령죄가 성립한다고 할 것인바(대법원 2002. 8. 23. 선고 2002
도366 판결 등 참조), 기록에 의하여 알 수 있는 다음과 같은 사정,
즉 제 1빌딩의 관리회사인 공소외 주식회사는 구분소유자들과 체
결한 관리계약 및 그에 기초하여 제정한 관리규정에 따라 건물의
유지관리에 지출된 금액으로서 징수하는 일반관리비와는 별도
로 항목을 구별하여 장기적 유지보수와 노후부분의 대체를 위
하여 별도로 수립된 장기수선계획에 따라 위 특별수선충당금을
징수한 점, 특별수선충당금을 납부한 제 1빌딩의 구분소유자들
의 의사나 이를 징수한 공소외 주식회사의 의사 역시 이러한
용도에 사용할 목적으로 특별수선충당금을 납부하거나 징수한
것으로 보이고, 특별수선충당금을 사용할 사유가 발생하기 전
에 관리회사가 교체되거나 관리대상건물이 멸실·철거되는 등
특별한 사정이 생긴 경우에는 관리회사가 구분소유자들에게 반
환하여야 할 성질의 돈이라고 보이는 점 등을 종합하여 보면,
이 사건 특별수선충당금은 제 1빌딩의 노후화로 인하여 필연적
으로 발생하는 주요설비 등의 교체 및 보수에 사용하도록 용도
와 목적이 특정된 자금에 해당한다고 인정되고, 피고인 1, 3,
4가 위 자금을 위탁받아 집행하면서 그 제한된 용도 이외의 목
적으로 자금을 임의 사용하였다면 횡령죄가 성립한다고 할 것
이다.

그럼에도 불구하고 원심은 특별수선충당금의 소유권이 공소외 주
식회사에게 귀속되었다고 단정한 나머지, 피고인 1, 3, 4에 대한
이 부분 공소사실에 대하여 유죄를 선고한 제1심판결을 파기하고
무죄를 선고하였으니, 거기에는 횡령죄에 관한 법리를 오해한 위
법이 있고, 이 점을 지적하는 상고이유의 주장은 이유 있다.

2. 지하주차장 대금 횡령의 점에 대한 판단

부동산에 관한 횡령죄에 있어서 타인의 재물을 보관하는 자의 지
위는 동산의 경우와는 달리 부동산에 대한 점유의 여부가 아니라

부동산을 제3자에게 유효하게 처분할 수 있는 권능의 유무에 따라 결정하여야 하므로, 부동산의 공유자 중 1인이 다른 공유자의 지분을 임의로 처분하거나 임대하여도 그에게는 그 처분권능이 없어 횡령죄가 성립하지 아니한다(*대법원 2000. 4. 11. 선고 2000도565 판결 등 참조*).

원심이 구분소유자 전원의 공유에 속하는 공용부분인 지하주차장 일부를 피고인 2가 독점 임대하였더라도 그 피고인이 그 공용부분을 다른 구분소유자들을 위하여 보관하는 지위에 있는 것은 아니므로 위 공용부분을 임대하고 수령한 임차료 역시 다른 구분소유자들을 위하여 보관하는 것은 아니라고 할 것이어서 그 돈을 임의로 소비하였어도 횡령죄가 성립하지 아니한다고 판단한 것은 위 법리에 따른 것으로서 정당하고, 거기에 상고이유의 주장과 같은 법리오해의 위법이 없다.

3. 결 론

그러므로 원심판결 중 피고인 1, 3, 4의 특별수선충당금 횡령의 점에 대한 부분은 파기되어야 할 것인바, 이 부분과 원심이 피고인 1, 3, 4에 대하여 무죄로 인정한 관리비 횡령 부분은 포괄일죄의 관계에 있으므로, 원심판결 중 피고인 1, 3, 4에 대한 부분 전부를 파기하고 이 부분 사건을 원심법원에 환송하며, 검사의 피고인 2에 대한 상고를 기각하기로 하여 주문과 같이 판결한다.

대법관 이용우(재판장) 조무제 이규홍 박재윤(주심)

부 록

집합건물의 소유 및 관리에 관한 법률 (약칭 : 집합건물법)

일부개정 2020. 2. 4. [법률 제16919호, 시행 2021. 2. 5.] 법무부

제1장 건물의 구분소유 〈개정 2010.3.31〉

제1절 총칙 〈개정 2010.3.31〉

제1조(건물의 구분소유)

1동의 건물 중 구조상 구분된 여러 개의 부분이 독립한 건물로서 사용될 수 있을 때에는 그 각 부분은 이 법에서 정하는 바에 따라 각각 소유권의 목적으로 할 수 있다.

[전문개정 2010.3.31]

제1조의2(상가건물의 구분소유)

① 1동의 건물이 다음 각 호에 해당하는 방식으로 여러 개의 건물부분으로 이용상 구분된 경우에 그 건물부분(이하 "구분점포"라 한다)은 이 법에서 정하는 바에 따라 각각 소유권의 목적으로 할 수 있다. 〈개정 2020.2.4〉

  1. 구분점포의 용도가 「건축법」 제2조제2항제7호의 판매시설 및 같은 항 제8호의 운수시설일 것

  2. 삭제 〈2020.2.4〉

  3. 경계를 명확하게 알아볼 수 있는 표지를 바닥에 견고하게 설치할 것

  4. 구분점포별로 부여된 건물번호표지를 견고하게 붙일 것

② 제1항에 따른 경계표지 및 건물번호표지에 관하여 필요한 사항은 대통령령으로 정한다.

[전문개정 2010.3.31.]

제2조(정의)

이 법에서 사용하는 용어의 뜻은 다음과 같다.

1. "구분소유권"이란 제1조 또는 제1조의2에 규정된 건물부분[제3조제2항 및 제3항에 따라 공용부분(공용부분)으로 된 것은 제외한다]을 목적으로 하는 소유권을 말한다.
2. "구분소유자"란 구분소유권을 가지는 자를 말한다.
3. "전유부분"(전유부분)이란 구분소유권의 목적인 건물부분을 말한다.
4. "공용부분"이란 전유부분 외의 건물부분, 전유부분에 속하지 아니하는 건물의 부속물 및 제3조제2항 및 제3항에 따라 공용부분으로 된 부속의 건물을 말한다.
5. "건물의 대지"란 전유부분이 속하는 1동의 건물이 있는 토지 및 제4조에 따라 건물의 대지로 된 토지를 말한다.
6. "대지사용권"이란 구분소유자가 전유부분을 소유하기 위하여 건물의 대지에 대하여 가지는 권리를 말한다.

[전문개정 2010.3.31]

제2조의2(다른 법률과의 관계)

집합주택의 관리 방법과 기준, 하자담보책임에 관한 「주택법」 및 「공동주택관리법」의 특별한 규정은 이 법에 저촉되어 구분소유자의 기본적인 권리를 해치지 아니하는 범위에서 효력이 있다. *〈개정 2015.8.11〉*

[본조신설 2012.12.18.] [제목개정 2015.8.11]

제3조(공용부분)

① 여러 개의 전유부분으로 통하는 복도, 계단, 그 밖에 구조상 구분소유자 전원 또는 일부의 공용(공용)에 제공되는 건물부분은 구분소유권의 목적으로 할 수 없다.
② 제1조 또는 제1조의2에 규정된 건물부분과 부속의 건물은 규

약으로써 공용부분으로 정할 수 있다.

③ 제1조 또는 제1조의2에 규정된 건물부분의 전부 또는 부속건물을 소유하는 자는 공정증서(공정증서)로써 제2항의 규약에 상응하는 것을 정할 수 있다.

④ 제2항과 제3항의 경우에는 공용부분이라는 취지를 등기하여야 한다.

[전문개정 2010.3.31]

제4조(규약에 따른 건물의 대지)

① 통로, 주차장, 정원, 부속건물의 대지, 그 밖에 전유부분이 속하는 1동의 건물 및 그 건물이 있는 토지와 하나로 관리되거나 사용되는 토지는 규약으로써 건물의 대지로 할 수 있다.

② 제1항의 경우에는 제3조제3항을 준용한다.

③ 건물이 있는 토지가 건물이 일부 멸실함에 따라 건물이 있는 토지가 아닌 토지로 된 경우에는 그 토지는 제1항에 따라 규약으로써 건물의 대지로 정한 것으로 본다. 건물이 있는 토지의 일부가 분할로 인하여 건물이 있는 토지가 아닌 토지로 된 경우에도 같다.

[전문개정 2010.3.31]

제5조(구분소유자의 권리 · 의무 등)

① 구분소유자는 건물의 보존에 해로운 행위나 그 밖에 건물의 관리 및 사용에 관하여 구분소유자 공동의 이익에 어긋나는 행위를 하여서는 아니 된다.

② 전유부분이 주거의 용도로 분양된 것인 경우에는 구분소유자는 정당한 사유 없이 그 부분을 주거 외의 용도로 사용하거나 그 내부 벽을 철거하거나 파손하여 증축 · 개축하는 행위를 하여서는 아니 된다.

③ 구분소유자는 그 전유부분이나 공용부분을 보존하거나 개량하

기 위하여 필요한 범위에서 다른 구분소유자의 전유부분 또는 자기의 공유(공유)에 속하지 아니하는 공용부분의 사용을 청구할 수 있다. 이 경우 다른 구분소유자가 손해를 입었을 때에는 보상하여야 한다.

④ 전유부분을 점유하는 자로서 구분소유자가 아닌 자(이하 "점유자"라 한다)에 대하여는 제1항부터 제3항까지의 규정을 준용한다.

[전문개정 2010.3.31]

제6조(건물의 설치·보존상의 흠 추정)

전유부분이 속하는 1동의 건물의 설치 또는 보존의 흠으로 인하여 다른 자에게 손해를 입힌 경우에는 그 흠은 공용부분에 존재하는 것으로 추정한다.

[전문개정 2010.3.31]

제7조(구분소유권 매도청구권)

대지사용권을 가지지 아니한 구분소유자가 있을 때에는 그 전유부분의 철거를 청구할 권리를 가진 자는 그 구분소유자에 대하여 구분소유권을 시가(시가)로 매도할 것을 청구할 수 있다.

[전문개정 2010.3.31]

제8조(대지공유자의 분할청구 금지)

대지 위에 구분소유권의 목적인 건물이 속하는 1동의 건물이 있을 때에는 그 대지의 공유자는 그 건물 사용에 필요한 범위의 대지에 대하여는 분할을 청구하지 못한다.

[전문개정 2010.3.31]

제9조(담보책임)

① 제1조 또는 제1조의2의 건물을 건축하여 분양한 자(이하 "분양자"라 한다)와 분양자와의 계약에 따라 건물을 건축한 자로서 대통령령으로 정하는 자(이하 "시공자"라 한다)는 구분소유자에

대하여 담보책임을 진다. 이 경우 그 담보책임에 관하여는 「민법」 제667조 및 제668조를 준용한다. 〈개정 2012.12.18〉

② 제1항에도 불구하고 시공자가 분양자에게 부담하는 담보책임에 관하여 다른 법률에 특별한 규정이 있으면 시공자는 그 법률에서 정하는 담보책임의 범위에서 구분소유자에게 제1항의 담보책임을 진다. 〈신설 2012.12.18〉

③ 제1항 및 제2항에 따른 시공자의 담보책임 중 「민법」 제667조 제2항에 따른 손해배상책임은 분양자에게 회생절차개시 신청, 파산 신청, 해산, 무자력(무자력) 또는 그 밖에 이에 준하는 사유가 있는 경우에만 지며, 시공자가 이미 분양자에게 손해배상을 한 경우에는 그 범위에서 구분소유자에 대한 책임을 면(면)한다. 〈신설 2012.12.18〉

④ 분양자와 시공자의 담보책임에 관하여 이 법과 「민법」에 규정된 것보다 매수인에게 불리한 특약은 효력이 없다. 〈개정 2012.12.18〉

[전문개정 2010.3.31]

제9조의2(담보책임의 존속기간)

① 제9조에 따른 담보책임에 관한 구분소유자의 권리는 다음 각호의 기간 내에 행사하여야 한다.
   1. 「건축법」 제2조제1항제7호에 따른 건물의 주요구조부 및 지반공사의 하자: 10년
   2. 제1호에 규정된 하자 외의 하자: 하자의 중대성, 내구연한, 교체가능성 등을 고려하여 5년의 범위에서 대통령령으로 정하는 기간

② 제1항의 기간은 다음 각 호의 날부터 기산한다. 〈개정 2016.1.19〉
   1. 전유부분: 구분소유자에게 인도한 날
   2. 공용부분: 「주택법」 제49조에 따른 사용검사일(집합건물 전부에 대하여 임시 사용승인을 받은 경우에는 그 임시 사용

승인일을 말하고, 「주택법」 제49조제1항 단서에 따라 분할 사용검사나 동별 사용검사를 받은 경우에는 분할 사용검사일 또는 동별 사용검사일을 말한다) 또는 「건축법」 제22조에 따른 사용승인일

③ 제1항 및 제2항에도 불구하고 제1항 각 호의 하자로 인하여 건물이 멸실되거나 훼손된 경우에는 그 멸실되거나 훼손된 날부터 1년 이내에 권리를 행사하여야 한다.

[본조신설 2012.12.18]

제9조의3(분양자의 관리의무 등)

① 분양자는 제24조제3항에 따라 선임(선임)된 관리인이 사무를 개시(개시)할 때까지 선량한 관리자의 주의로 건물과 대지 및 부속시설을 관리하여야 한다. 〈개정 2020.2.4〉

② 분양자는 제28조제4항에 따른 표준규약을 참고하여 공정증서로써 규약에 상응하는 것을 정하여 분양계약을 체결하기 전에 분양을 받을 자에게 주어야 한다.

③ 분양자는 예정된 매수인의 2분의 1 이상이 이전등기를 한 때에는 규약 설정 및 관리인 선임을 위한 관리단집회(제23조에 따른 관리단의 집회를 말한다. 이하 같다)를 소집할 것을 대통령령으로 정하는 바에 따라 구분소유자에게 통지하여야 한다. 이 경우 통지받은 날부터 3개월 이내에 관리단집회를 소집할 것을 명시하여야 한다. 〈개정 2020.2.4〉

④ 분양자는 구분소유자가 제3항의 통지를 받은 날부터 3개월 이내에 관리단집회를 소집하지 아니하는 경우에는 지체 없이 관리단집회를 소집하여야 한다. 〈신설 2020.2.4〉

[본조신설 2012.12.18]

제2절 공용부분 〈개정 2010.3.31〉

제10조(공용부분의 귀속 등)

① 공용부분은 구분소유자 전원의 공유에 속한다. 다만, 일부의 구분소유자만이 공용하도록 제공되는 것임이 명백한 공용부분(이하 "일부공용부분"이라 한다)은 그들 구분소유자의 공유에 속한다.

② 제1항의 공유에 관하여는 제11조부터 제18조까지의 규정에 따른다. 다만, 제12조, 제17조에 규정한 사항에 관하여는 규약으로써 달리 정할 수 있다.

[전문개정 2010.3.31]

제11조(공유자의 사용권)

각 공유자는 공용부분을 그 용도에 따라 사용할 수 있다.

[전문개정 2010.3.31]

제12조(공유자의 지분권)

① 각 공유자의 지분은 그가 가지는 전유부분의 면적 비율에 따른다.

② 제1항의 경우 일부공용부분으로서 면적이 있는 것은 그 공용부분을 공용하는 구분소유자의 전유부분의 면적 비율에 따라 배분하여 그 면적을 각 구분소유자의 전유부분 면적에 포함한다.

[전문개정 2010.3.31]

제13조(전유부분과 공용부분에 대한 지분의 일체성)연

① 공용부분에 대한 공유자의 지분은 그가 가지는 전유부분의 처분에 따른다.

② 공유자는 그가 가지는 전유부분과 분리하여 공용부분에 대한 지분을 처분할 수 없다.

③ 공용부분에 관한 물권의 득실변경(득실변경)은 등기가 필요하지 아니하다.

[전문개정 2010.3.31]

제14조(일부공용부분의 관리)

일부공용부분의 관리에 관한 사항 중 구분소유자 전원에게 이해관계가 있는 사항과 제29조제2항의 규약으로써 정한 사항은 구분소유자 전원의 집회결의로써 결정하고, 그 밖의 사항은 그것을 공용하는 구분소유자만의 집회결의로써 결정한다.

[전문개정 2010.3.31]

제15조(공용부분의 변경)

① 공용부분의 변경에 관한 사항은 관리단집회에서 구분소유자의 3분의 2 이상 및 의결권의 3분의 2 이상의 결의로써 결정한다. 다만, 다음 각 호의 어느 하나에 해당하는 경우에는 제38조제1항에 따른 통상의 집회결의로써 결정할 수 있다. 〈개정 2020.2.4〉

　1. 공용부분의 개량을 위한 것으로서 지나치게 많은 비용이 드는 것이 아닐 경우

　2. 「관광진흥법」 제3조제1항제2호나목에 따른 휴양 콘도미니엄업의 운영을 위한 휴양 콘도미니엄의 공용부분 변경에 관한 사항인 경우

② 제1항의 경우에 공용부분의 변경이 다른 구분소유자의 권리에 특별한 영향을 미칠 때에는 그 구분소유자의 승낙을 받아야 한다.

[전문개정 2010.3.31]

제15조의2(권리변동 있는 공용부분의 변경)

① 제15조에도 불구하고 건물의 노후화 억제 또는 기능 향상 등을 위한 것으로 구분소유권 및 대지사용권의 범위나 내용에 변동을 일으키는 공용부분의 변경에 관한 사항은 관리단집회에서 구분소유자의 5분의 4 이상 및 의결권의 5분의 4 이상의 결의로써 결정한다.

② 제1항의 결의에서는 다음 각 호의 사항을 정하여야 한다. 이 경우 제3호부터 제7호까지의 사항은 각 구분소유자 사이에 형

평이 유지되도록 정하여야 한다.

1. 설계의 개요
2. 예상 공사 기간 및 예상 비용(특별한 손실에 대한 전보 비용을 포함한다)
3. 제2호에 따른 비용의 분담 방법
4. 변경된 부분의 용도
5. 전유부분 수의 증감이 발생하는 경우에는 변경된 부분의 귀속에 관한 사항
6. 전유부분이나 공용부분의 면적에 증감이 발생하는 경우에는 변경된 부분의 귀속에 관한 사항
7. 대지사용권의 변경에 관한 사항
8. 그 밖에 규약으로 정한 사항

③ 제1항의 결의를 위한 관리단집회의 의사록에는 결의에 대한 각 구분소유자의 찬반 의사를 적어야 한다.

④ 제1항의 결의가 있는 경우에는 제48조 및 제49조를 준용한다.

[본조신설 2020.2.4]

제16조(공용부분의 관리)

① 공용부분의 관리에 관한 사항은 제15조제1항 본문 및 제15조의2의 경우를 제외하고는 제38조제1항에 따른 통상의 집회결의로써 결정한다. 다만, 보존행위는 각 공유자가 할 수 있다. 〈개정 2020.2.4〉

② 구분소유자의 승낙을 받아 전유부분을 점유하는 자는 제1항 본문에 따른 집회에 참석하여 그 구분소유자의 의결권을 행사할 수 있다. 다만, 구분소유자와 점유자가 달리 정하여 관리단에 통지한 경우에는 그러하지 아니하며, 구분소유자의 권리·의무에 특별한 영향을 미치는 사항을 결정하기 위한 집회인 경우에는 점유자는 사전에 구분소유자에게 의결권 행사에 대한 동의를 받아야 한다. 〈신설 2012.12.18〉

③ 제1항 및 제2항에 규정된 사항은 규약으로써 달리 정할 수 있다. 〈개정 2012.12.18〉

④ 제1항 본문의 경우에는 제15조제2항을 준용한다. 〈개정 2012.12.18〉

[전문개정 2010.3.31]

제17조(공용부분의 부담·수익)

각 공유자는 규약에 달리 정한 바가 없으면 그 지분의 비율에 따라 공용부분의 관리비용과 그 밖의 의무를 부담하며 공용부분에서 생기는 이익을 취득한다.

[전문개정 2010.3.31]

제17조의2(수선적립금)문헌

① 제23조에 따른 관리단(이하 "관리단"이라 한다)은 규약에 달리 정한 바가 없으면 관리단집회 결의에 따라 건물이나 대지 또는 부속시설의 교체 및 보수에 관한 수선계획을 수립할 수 있다.

② 관리단은 규약에 달리 정한 바가 없으면 관리단집회의 결의에 따라 수선적립금을 징수하여 적립할 수 있다. 다만, 다른 법률에 따라 장기수선을 위한 계획이 수립되어 충당금 또는 적립금이 징수·적립된 경우에는 그러하지 아니하다.

③ 제2항에 따른 수선적립금(이하 이 조에서 "수선적립금"이라 한다)은 구분소유자로부터 징수하며 관리단에 귀속된다.

④ 관리단은 규약에 달리 정한 바가 없으면 수선적립금을 다음 각 호의 용도로 사용하여야 한다.

1. 제1항의 수선계획에 따른 공사
2. 자연재해 등 예상하지 못한 사유로 인한 수선공사
3. 제1호 및 제2호의 용도로 사용한 금원의 변제

⑤ 제1항에 따른 수선계획의 수립 및 수선적립금의 징수·적립에 필요한 사항은 대통령령으로 정한다.

[본조신설 2020.2.4]

제18조(공용부분에 관하여 발생한 채권의 효력)

공유자가 공용부분에 관하여 다른 공유자에 대하여 가지는 채권은 그 특별승계인에 대하여도 행사할 수 있다.

[전문개정 2010.3.31]

제19조(공용부분에 관한 규정의 준용)

건물의 대지 또는 공용부분 외의 부속시설(이들에 대한 권리를 포함한다)을 구분소유자가 공유하는 경우에는 그 대지 및 부속시설에 관하여 제15조, 제15조의2, 제16조 및 제17조를 준용한다. 〈개정 2020.2.4〉

[전문개정 2010.3.31]

제3절 대지사용권 〈개정 2010.3.31〉

제20조(전유부분과 대지사용권의 일체성)

① 구분소유자의 대지사용권은 그가 가지는 전유부분의 처분에 따른다.
② 구분소유자는 그가 가지는 전유부분과 분리하여 대지사용권을 처분할 수 없다. 다만, 규약으로써 달리 정한 경우에는 그러하지 아니하다.
③ 제2항 본문의 분리처분금지는 그 취지를 등기하지 아니하면 선의(선의)로 물권을 취득한 제3자에게 대항하지 못한다.
④ 제2항 단서의 경우에는 제3조제3항을 준용한다.

[전문개정 2010.3.31]

제21조(전유부분의 처분에 따르는 대지사용권의 비율)

① 구분소유자가 둘 이상의 전유부분을 소유한 경우에는 각 전유부분의 처분에 따르는 대지사용권은 제12조에 규정된 비율에 따른다. 다만, 규약으로써 달리 정할 수 있다.
② 제1항 단서의 경우에는 제3조제3항을 준용한다.

[전문개정 2010.3.31]

제22조(「민법」 제267조의 적용 배제)

제20조제2항 본문의 경우 대지사용권에 대하여는 「민법」 제267조 (같은 법 제278조에서 준용하는 경우를 포함한다)를 적용하지 아니한다.

[전문개정 2010.3.31]

제4절 관리단 및 관리단의 기관 〈개정 2012.12.18〉

제23조(관리단의 당연 설립 등)

① 건물에 대하여 구분소유 관계가 성립되면 구분소유자 전원을 구성원으로 하여 건물과 그 대지 및 부속시설의 관리에 관한 사업의 시행을 목적으로 하는 관리단이 설립된다.

② 일부공용부분이 있는 경우 그 일부의 구분소유자는 제28조제2 항의 규약에 따라 그 공용부분의 관리에 관한 사업의 시행을 목적으로 하는 관리단을 구성할 수 있다.

[전문개정 2010.3.31]

제23조의2(관리단의 의무)

관리단은 건물의 관리 및 사용에 관한 공동이익을 위하여 필요한 구분소유자의 권리와 의무를 선량한 관리자의 주의로 행사하거나 이행하여야 한다.

[본조신설 2012.12.18]

제24조(관리인의 선임 등)

① 구분소유자가 10인 이상일 때에는 관리단을 대표하고 관리단의 사무를 집행할 관리인을 선임하여야 한다. 〈개정 2012.12.18〉

② 관리인은 구분소유자일 필요가 없으며, 그 임기는 2년의 범위에서 규약으로 정한다. 〈신설 2012.12.18〉

③ 관리인은 관리단집회의 결의로 선임되거나 해임된다. 다만, 규약으로 제26조의3에 따른 관리위원회의 결의로 선임되거나 해임

되도록 정한 경우에는 그에 따른다. 〈개정 2012.12.18, 2020.2.4〉

④ 구분소유자의 승낙을 받아 전유부분을 점유하는 자는 제3항 본문에 따른 관리단집회에 참석하여 그 구분소유자의 의결권을 행사할 수 있다. 다만, 구분소유자와 점유자가 달리 정하여 관리단에 통지하거나 구분소유자가 집회 이전에 직접 의결권을 행사할 것을 관리단에 통지한 경우에는 그러하지 아니하다. 〈신설 2012.12.18〉

⑤ 관리인에게 부정한 행위나 그 밖에 그 직무를 수행하기에 적합하지 아니한 사정이 있을 때에는 각 구분소유자는 관리인의 해임을 법원에 청구할 수 있다. 〈개정 2012.12.18〉

⑥ 전유부분이 50개 이상인 건물(「공동주택관리법」에 따른 의무관리대상 공동주택 및 임대주택과 「유통산업발전법」에 따라 신고한 대규모점포등관리자가 있는 대규모점포 및 준대규모점포는 제외한다)의 관리인으로 선임된 자는 대통령령으로 정하는 바에 따라 선임된 사실을 특별자치시장, 특별자치도지사, 시장, 군수 또는 자치구의 구청장(이하 "소관청"이라 한다)에게 신고하여야 한다. 〈신설 2020.2.4〉

[전문개정 2010.3.31]

제24조의2(임시관리인의 선임 등)

① 구분소유자, 그의 승낙을 받아 전유부분을 점유하는 자, 분양자 등 이해관계인은 제24조제3항에 따라 선임된 관리인이 없는 경우에는 법원에 임시관리인의 선임을 청구할 수 있다.

② 임시관리인은 선임된 날부터 6개월 이내에 제24조제3항에 따른 관리인 선임을 위하여 관리단집회 또는 관리위원회를 소집하여야 한다.

③ 임시관리인의 임기는 선임된 날부터 제24조제3항에 따라 관리인이 선임될 때까지로 하되, 같은 조 제2항에 따라 규약으로 정한 임기를 초과할 수 없다.

[본조신설 2020.2.4]

제25조(관리인의 권한과 의무)

① 관리인은 다음 각 호의 행위를 할 권한과 의무를 가진다. 〈개정 2020.2.4〉

  1. 공용부분의 보존행위

  1의 2. 공용부분의 관리 및 변경에 관한 관리단집회 결의를 집행하는 행위

  2. 공용부분의 관리비용 등 관리단의 사무 집행을 위한 비용과 분담금을 각 구분소유자에게 청구·수령하는 행위 및 그 금원을 관리하는 행위

  3. 관리단의 사업 시행과 관련하여 관리단을 대표하여 하는 재판상 또는 재판 외의 행위

  3의 2. 소음·진동·악취 등을 유발하여 공동생활의 평온을 해치는 행위의 중지 요청 또는 분쟁 조정절차 권고 등 필요한 조치를 하는 행위

  4. 그 밖에 규약에 정하여진 행위

② 관리인의 대표권은 제한할 수 있다. 다만, 이로써 선의의 제3자에게 대항할 수 없다.

[전문개정 2010.3.31]

제26조(관리인의 보고의무 등)

① 관리인은 대통령령으로 정하는 바에 따라 매년 1회 이상 구분소유자에게 그 사무에 관한 보고를 하여야 한다. 〈개정 2012.12.18〉

② 이해관계인은 관리인에게 제1항에 따른 보고 자료의 열람을 청구하거나 자기 비용으로 등본의 교부를 청구할 수 있다. 〈신설 2012.12.18〉

③ 이 법 또는 규약에서 규정하지 아니한 관리인의 권리의무에 관하여는 「민법」의 위임에 관한 규정을 준용한다. 〈개정 2012.12.18〉

[전문개정 2010.3.31]

제26조의2(회계감사)

① 전유부분이 150개 이상으로서 대통령령으로 정하는 건물의 관리인은 「주식회사 등의 외부감사에 관한 법률」 제2조제7호에 따른 감사인(이하 이 조에서 "감사인"이라 한다)의 회계감사를 매년 1회 이상 받아야 한다. 다만, 관리단집회에서 구분소유자의 3분의 2 이상 및 의결권의 3분의 2 이상이 회계감사를 받지 아니하기로 결의한 연도에는 그러하지 아니하다.

② 구분소유자의 승낙을 받아 전유부분을 점유하는 자는 제1항 단서에 따른 관리단집회에 참석하여 그 구분소유자의 의결권을 행사할 수 있다. 다만, 구분소유자와 점유자가 달리 정하여 관리단에 통지하거나 구분소유자가 집회 이전에 직접 의결권을 행사할 것을 관리단에 통지한 경우에는 그러하지 아니하다.

③ 전유부분이 50개 이상 150개 미만으로서 대통령령으로 정하는 건물의 관리인은 구분소유자의 5분의 1 이상이 연서하여 요구하는 경우에는 감사인의 회계감사를 받아야 한다. 이 경우 구분소유자의 승낙을 받아 전유부분을 점유하는 자가 구분소유자를 대신하여 연서할 수 있다.

④ 관리인은 제1항 또는 제3항에 따라 회계감사를 받은 경우에는 대통령령으로 정하는 바에 따라 감사보고서 등 회계감사의 결과를 구분소유자 및 그의 승낙을 받아 전유부분을 점유하는 자에게 보고하여야 한다.

⑤ 제1항 또는 제3항에 따른 회계감사의 기준·방법 및 감사인의 선정방법 등에 관하여 필요한 사항은 대통령령으로 정한다.

⑥ 제1항 또는 제3항에 따라 회계감사를 받는 관리인은 다음 각호의 어느 하나에 해당하는 행위를 하여서는 아니 된다.

　1. 정당한 사유 없이 감사인의 자료열람·등사·제출 요구 또는 는 조사를 거부·방해·기피하는 행위

　2. 감사인에게 거짓 자료를 제출하는 등 부정한 방법으로 회계

감사를 방해하는 행위

⑦ 「공동주택관리법」에 따른 의무관리대상 공동주택 및 임대주택과 「유통산업발전법」에 따라 신고한 대규모점포등관리자가 있는 대규모점포 및 준대규모점포에는 제1항부터 제6항까지의 규정을 적용하지 아니한다.

[본조신설 2020.2.4]

[종전 제26조의2는 제26조의3으로 이동 〈2020.2.4〉]

제26조의3(관리위원회의 설치 및 기능)

① 관리단에는 규약으로 정하는 바에 따라 관리위원회를 둘 수 있다.

② 관리위원회는 이 법 또는 규약으로 정한 관리인의 사무 집행을 감독한다.

③ 제1항에 따라 관리위원회를 둔 경우 관리인은 제25조제1항 각 호의 행위를 하려면 관리위원회의 결의를 거쳐야 한다. 다만, 규약으로 달리 정한 사항은 그러하지 아니하다.

[본조신설 2012.12.18]

[제26조의2에서 이동, 종전 제26조의3은 제26조의4로 이동 〈2020.2.4〉]

제26조의4(관리위원회의 구성 및 운영)

① 관리위원회의 위원은 구분소유자 중에서 관리단집회의 결의에 의하여 선출한다. 다만, 규약으로 관리단집회의 결의에 관하여 달리 정한 경우에는 그에 따른다.

② 관리인은 규약에 달리 정한 바가 없으면 관리위원회의 위원이 될 수 없다. 〈개정 2020.2.4〉

③ 관리위원회 위원의 임기는 2년의 범위에서 규약으로 정한다. 〈신설 2020.2.4〉

④ 제1항부터 제3항까지에서 규정한 사항 외에 관리위원회의 구성 및 운영에 필요한 사항은 대통령령으로 정한다. 〈개정 2020.2.4〉

⑤ 구분소유자의 승낙을 받아 전유부분을 점유하는 자는 제1항 본

문에 따른 관리단집회에 참석하여 그 구분소유자의 의결권을 행사할 수 있다. 다만, 구분소유자와 점유자가 달리 정하여 관리단에 통지하거나 구분소유자가 집회 이전에 직접 의결권을 행사할 것을 관리단에 통지한 경우에는 그러하지 아니하다. 〈신설 2020.2.4〉

[본조신설 2012.12.18.] [제26조의3에서 이동 〈2020.2.4〉]

제27조(관리단의 채무에 대한 구분소유자의 책임)

① 관리단이 그의 재산으로 채무를 전부 변제할 수 없는 경우에는 구분소유자는 제12조의 지분비율에 따라 관리단의 채무를 변제할 책임을 진다. 다만, 규약으로써 그 부담비율을 달리 정할 수 있다.

② 구분소유자의 특별승계인은 승계 전에 발생한 관리단의 채무에 관하여도 책임을 진다.

[전문개정 2010.3.31]

제5절 규약 및 집회 〈개정 2010.3.31〉

제28조(규약)

① 건물과 대지 또는 부속시설의 관리 또는 사용에 관한 구분소유자들 사이의 사항 중 이 법에서 규정하지 아니한 사항은 규약으로써 정할 수 있다.

② 일부공용부분에 관한 사항으로써 구분소유자 전원에게 이해관계가 있지 아니한 사항은 구분소유자 전원의 규약에 따로 정하지 아니하면 일부공용부분을 공용하는 구분소유자의 규약으로써 정할 수 있다.

③ 제1항과 제2항의 경우에 구분소유자 외의 자의 권리를 침해하지 못한다.

④ 특별시장·광역시장·특별자치시장·도지사 및 특별자치도지사(이하 "시·도지사"라 한다)는 이 법을 적용받는 건물과 대지

및 부속시설의 효율적이고 공정한 관리를 위하여 대통령령으로 정하는 바에 따라 표준규약을 마련하여 보급하여야 한다. 〈신설 2012.12.18〉

[전문개정 2010.3.31]

제29조(규약의 설정·변경·폐지)

① 규약의 설정·변경 및 폐지는 관리단집회에서 구분소유자의 4 분의 3 이상 및 의결권의 4분의 3 이상의 찬성을 얻어서 한 다. 이 경우 규약의 설정·변경 및 폐지가 일부 구분소유자의 권리에 특별한 영향을 미칠 때에는 그 구분소유자의 승낙을 받 아야 한다.

② 제28조제2항에 규정한 사항에 관한 구분소유자 전원의 규약의 설정·변경 또는 폐지는 그 일부공용부분을 공용하는 구분소유 자의 4분의 1을 초과하는 자 또는 의결권의 4분의 1을 초과하 는 의결권을 가진 자가 반대할 때에는 할 수 없다.

[전문개정 2010.3.31]

제30조(규약의 보관 및 열람)

① 규약은 관리인 또는 구분소유자나 그 대리인으로서 건물을 사 용하고 있는 자 중 1인이 보관하여야 한다.

② 제1항에 따라 규약을 보관할 구분소유자나 그 대리인은 규약에 다른 규정이 없으면 관리단집회의 결의로써 정한다.

③ 이해관계인은 제1항에 따라 규약을 보관하는 자에게 규약의 열 람을 청구하거나 자기 비용으로 등본의 발급을 청구할 수 있다.

[전문개정 2010.3.31]

제31조(집회의 권한)

관리단의 사무는 이 법 또는 규약으로 관리인에게 위임한 사항 외 에는 관리단집회의 결의에 따라 수행한다.

[전문개정 2010.3.31]

제32조(정기 관리단집회)

관리인은 매년 회계연도 종료 후 3개월 이내에 정기 관리단집회를 소집하여야 한다. 〈개정 2012.12.18〉

[전문개정 2010.3.31]

제33조(임시 관리단집회)

① 관리인은 필요하다고 인정할 때에는 관리단집회를 소집할 수 있다.

② 구분소유자의 5분의 1 이상이 회의의 목적 사항을 구체적으로 밝혀 관리단집회의 소집을 청구하면 관리인은 관리단집회를 소집하여야 한다. 이 정수(정수)는 규약으로 감경할 수 있다. 〈개정 2012.12.18〉

③ 제2항의 청구가 있은 후 1주일 내에 관리인이 청구일부터 2주일 이내의 날을 관리단집회일로 하는 소집통지 절차를 밟지 아니하면 소집을 청구한 구분소유자는 법원의 허가를 받아 관리단집회를 소집할 수 있다. 〈개정 2012.12.18〉

④ 관리인이 없는 경우에는 구분소유자의 5분의 1 이상은 관리단집회를 소집할 수 있다. 이 정수는 규약으로 감경할 수 있다. 〈개정 2012.12.18〉

[전문개정 2010.3.31]

제34조(집회소집통지)

① 관리단집회를 소집하려면 관리단집회일 1주일 전에 회의의 목적사항을 구체적으로 밝혀 각 구분소유자에게 통지하여야 한다. 다만, 이 기간은 규약으로 달리 정할 수 있다.

② 전유부분을 여럿이 공유하는 경우에 제1항의 통지는 제37조제2항에 따라 정하여진 의결권을 행사할 자(그가 없을 때에는 공유자 중 1인)에게 통지하여야 한다.

③ 제1항의 통지는 구분소유자가 관리인에게 따로 통지장소를 제

출하였으면 그 장소로 발송하고, 제출하지 아니하였으면 구분소유자가 소유하는 전유부분이 있는 장소로 발송한다. 이 경우 제1항의 통지는 통상적으로 도달할 시기에 도달한 것으로 본다.

④ 건물 내에 주소를 가지는 구분소유자 또는 제3항의 통지장소를 제출하지 아니한 구분소유자에 대한 제1항의 통지는 건물 내의 적당한 장소에 게시함으로써 소집통지를 갈음할 수 있음을 규약으로 정할 수 있다. 이 경우 제1항의 통지는 게시한 때에 도달한 것으로 본다.

⑤ 회의의 목적사항이 제15조제1항, 제29조제1항, 제47조제1항 및 제50조제4항인 경우에는 그 통지에 그 의안 및 계획의 내용을 적어야 한다.

[전문개정 2010.3.31]

제35조(소집절차의 생략)

관리단집회는 구분소유자 전원이 동의하면 소집절차를 거치지 아니하고 소집할 수 있다.

[전문개정 2010.3.31]

제36조(결의사항)

① 관리단집회는 제34조에 따라 통지한 사항에 관하여만 결의할 수 있다.

② 제1항의 규정은 이 법에 관리단집회의 결의에 관하여 특별한 정수가 규정된 사항을 제외하고는 규약으로 달리 정할 수 있다.

③ 제1항과 제2항은 제35조에 따른 관리단집회에 관하여는 적용하지 아니한다.

[전문개정 2010.3.31]

제37조(의결권)

① 각 구분소유자의 의결권은 규약에 특별한 규정이 없으면 제12조에 규정된 지분비율에 따른다.

② 전유부분을 여럿이 공유하는 경우에는 공유자는 관리단집회에서 의결권을 행사할 1인을 정한다.

③ 구분소유자의 승낙을 받아 동일한 전유부분을 점유하는 자가 여럿인 경우에는 제16조제2항, 제24조제4항, 제26조의2제2항 또는 제26조의4제5항에 따라 해당 구분소유자의 의결권을 행사할 1인을 정하여야 한다. 〈신설 2012.12.18, 2020.2.4〉

[전문개정 2010.3.31]

제38조(의결 방법)

① 관리단집회의 의사는 이 법 또는 규약에 특별한 규정이 없으면 구분소유자의 과반수 및 의결권의 과반수로써 의결한다.

② 의결권은 서면이나 전자적 방법(전자정보처리조직을 사용하거나 그 밖에 정보통신기술을 이용하는 방법으로서 대통령령으로 정하는 방법을 말한다. 이하 같다)으로 또는 대리인을 통하여 행사할 수 있다. 〈개정 2012.12.18〉

③ 제34조에 따른 관리단집회의 소집통지나 소집통지를 갈음하는 게시를 할 때에는 제2항에 따라 의결권을 행사할 수 있다는 내용과 구체적인 의결권 행사 방법을 명확히 밝혀야 한다. 〈신설 2012.12.18〉

④ 제1항부터 제3항까지에서 규정한 사항 외에 의결권 행사를 위하여 필요한 사항은 대통령령으로 정한다. 〈신설 2012.12.18〉

[전문개정 2010.3.31]

제39조(집회의 의장과 의사록)

① 관리단집회의 의장은 관리인 또는 집회를 소집한 구분소유자 중 연장자가 된다. 다만, 규약에 특별한 규정이 있거나 관리단집회에서 다른 결의를 한 경우에는 그러하지 아니하다.

② 관리단집회의 의사에 관하여는 의사록을 작성하여야 한다.

③ 의사록에는 의사의 경과와 그 결과를 적고 의장과 구분소유자

2인 이상이 서명날인하여야 한다.

④ 의사록에 관하여는 제30조를 준용한다.

[전문개정 2010.3.31]

제40조(점유자의 의견진술권)

① 구분소유자의 승낙을 받아 전유부분을 점유하는 자는 집회의 목적사항에 관하여 이해관계가 있는 경우에는 집회에 출석하여 의견을 진술할 수 있다.

② 제1항의 경우 집회를 소집하는 자는 제34조에 따라 소집통지를 한 후 지체 없이 집회의 일시, 장소 및 목적사항을 건물 내의 적당한 장소에 게시하여야 한다.

[전문개정 2010.3.31]

제41조(서면 또는 전자적 방법에 의한 결의 등)

① 이 법 또는 규약에 따라 관리단집회에서 결의할 것으로 정한 사항에 관하여 구분소유자의 5분의 4 이상 및 의결권의 5분의 4 이상이 서면이나 전자적 방법 또는 서면과 전자적 방법으로 합의하면 관리단집회에서 결의한 것으로 본다. 다만, 제15조제1항제2호의 경우에는 구분소유자의 과반수 및 의결권의 과반수가 서면이나 전자적 방법 또는 서면과 전자적 방법으로 합의하면 관리단집회에서 결의한 것으로 본다. *〈개정 2012.12.18〉*

② 구분소유자들은 미리 그들 중 1인을 대리인으로 정하여 관리단에 신고한 경우에는 그 대리인은 그 구분소유자들을 대리하여 관리단집회에 참석하거나 서면 또는 전자적 방법으로 의결권을 행사할 수 있다. *〈개정 2012.12.18〉*

③ 제1항의 서면 또는 전자적 방법으로 기록된 정보에 관하여는 제30조를 준용한다. *〈개정 2012.12.18〉*

[전문개정 2010.3.31] [제목개정 2012.12.18.]

제42조(규약 및 집회의 결의의 효력)

① 규약 및 관리단집회의 결의는 구분소유자의 특별승계인에 대하여도 효력이 있다.

② 점유자는 구분소유자가 건물이나 대지 또는 부속시설의 사용과 관련하여 규약 또는 관리단집회의 결의에 따라 부담하는 의무와 동일한 의무를 진다.

[전문개정 2010.3.31]

제42조의2(결의취소의 소)

구분소유자는 다음 각 호의 어느 하나에 해당하는 경우에는 집회 결의 사실을 안 날부터 6개월 이내에, 결의한 날부터 1년 이내에 결의취소의 소를 제기할 수 있다.

    1. 집회의 소집 절차나 결의 방법이 법령 또는 규약에 위반되거나 현저하게 불공정한 경우

    2. 결의 내용이 법령 또는 규약에 위배되는 경우

[본조신설 2012.12.18]

제6절 의무위반자에 대한 조치 〈개정 2010.3.31〉

제43조(공동의 이익에 어긋나는 행위의 정지청구 등)

① 구분소유자가 제5조제1항의 행위를 한 경우 또는 그 행위를 할 우려가 있는 경우에는 관리인 또는 관리단집회의 결의로 지정된 구분소유자는 구분소유자 공동의 이익을 위하여 그 행위를 정지하거나 그 행위의 결과를 제거하거나 그 행위의 예방에 필요한 조치를 할 것을 청구할 수 있다.

② 제1항에 따른 소송의 제기는 관리단집회의 결의가 있어야 한다.

③ 점유자가 제5조제4항에서 준용하는 같은 조 제1항에 규정된 행위를 한 경우 또는 그 행위를 할 우려가 있는 경우에도 제1항과 제2항을 준용한다.

[전문개정 2010.3.31]

제44조(사용금지의 청구)

① 제43조제1항의 경우에 제5조제1항에 규정된 행위로 구분소유자의 공동생활상의 장해가 현저하여 제43조제1항에 규정된 청구로는 그 장해를 제거하여 공용부분의 이용 확보나 구분소유자의 공동생활 유지를 도모함이 매우 곤란할 때에는 관리인 또는 관리단집회의 결의로 지정된 구분소유자는 소(訴)로써 적당한 기간 동안 해당 구분소유자의 전유부분 사용금지를 청구할 수 있다. 〈개정 2020.2.4〉

② 제1항의 청구는 구분소유자의 4분의 3 이상 및 의결권의 4분의 3 이상의 관리단집회 결의가 있어야 한다. 〈개정 2020.2.4〉

③ 제1항의 결의를 할 때에는 미리 해당 구분소유자에게 변명할 기회를 주어야 한다.

[전문개정 2010.3.31]

제45조(구분소유권의 경매)

① 구분소유자가 제5조제1항 및 제2항을 위반하거나 규약에서 정한 의무를 현저히 위반한 결과 공동생활을 유지하기 매우 곤란하게 된 경우에는 관리인 또는 관리단집회의 결의로 지정된 구분소유자는 해당 구분소유자의 전유부분 및 대지사용권의 경매를 명할 것을 법원에 청구할 수 있다.

② 제1항의 청구는 구분소유자의 4분의 3 이상 및 의결권의 4분의 3 이상의 관리단집회 결의가 있어야 한다.

③ 제2항의 결의를 할 때에는 미리 해당 구분소유자에게 변명할 기회를 주어야 한다.

④ 제1항의 청구에 따라 경매를 명한 재판이 확정되었을 때에는 그 청구를 한 자는 경매를 신청할 수 있다. 다만, 그 재판확정일부터 6개월이 지나면 그러하지 아니하다.

⑤ 제1항의 해당 구분소유자는 제4항 본문의 신청에 의한 경매에서 경락인이 되지 못한다.

[전문개정 2010.3.31]

제46조(전유부분의 점유자에 대한 인도청구)

① 점유자가 제45조제1항에 따른 의무위반을 한 결과 공동생활을 유지하기 매우 곤란하게 된 경우에는 관리인 또는 관리단집회의 결의로 지정된 구분소유자는 그 전유부분을 목적으로 하는 계약의 해제 및 그 전유부분의 인도를 청구할 수 있다.

② 제1항의 경우에는 제44조제2항 및 제3항을 준용한다.

③ 제1항에 따라 전유부분을 인도받은 자는 지체 없이 그 전유부분을 점유할 권원(권원)이 있는 자에게 인도하여야 한다.

[전문개정 2010.3.31]

제7절 재건축 및 복구 〈개정 2010.3.31〉

제47조(재건축 결의)

① 건물 건축 후 상당한 기간이 지나 건물이 훼손되거나 일부 멸실되거나 그 밖의 사정으로 건물 가격에 비하여 지나치게 많은 수리비·복구비나 관리비용이 드는 경우 또는 부근 토지의 이용 상황의 변화나 그 밖의 사정으로 건물을 재건축하면 재건축에 드는 비용에 비하여 현저하게 효용이 증가하게 되는 경우에 관리단집회는 그 건물을 철거하여 그 대지를 구분소유권의 목적이 될 새 건물의 대지로 이용할 것을 결의할 수 있다. 다만, 재건축의 내용이 단지 내 다른 건물의 구분소유자에게 특별한 영향을 미칠 때에는 그 구분소유자의 승낙을 받아야 한다.

② 제1항의 결의는 구분소유자의 5분의 4 이상 및 의결권의 5분의 4 이상의 결의에 따른다.

③ 재건축을 결의할 때에는 다음 각 호의 사항을 정하여야 한다.

1. 새 건물의 설계 개요

2. 건물의 철거 및 새 건물의 건축에 드는 비용을 개략적으로
   산정한 금액
3. 제2호에 규정된 비용의 분담에 관한 사항
4. 새 건물의 구분소유권 귀속에 관한 사항
④ 제3항제3호 및 제4호의 사항은 각 구분소유자 사이에 형평이
   유지되도록 정하여야 한다.
⑤ 제1항의 결의를 위한 관리단집회의 의사록에는 결의에 대한 각
   구분소유자의 찬반 의사를 적어야 한다.

[전문개정 2010.3.31]

제48조(구분소유권 등의 매도청구 등)

① 재건축의 결의가 있으면 집회를 소집한 자는 지체 없이 그 결
   의에 찬성하지 아니한 구분소유자(그의 승계인을 포함한다)에
   대하여 그 결의 내용에 따른 재건축에 참가할 것인지 여부를
   회답할 것을 서면으로 촉구하여야 한다.
② 제1항의 촉구를 받은 구분소유자는 촉구를 받은 날부터 2개월
   이내에 회답하여야 한다.
③ 제2항의 기간 내에 회답하지 아니한 경우 그 구분소유자는 재
   건축에 참가하지 아니하겠다는 뜻을 회답한 것으로 본다.
④ 제2항의 기간이 지나면 재건축 결의에 찬성한 각 구분소유자, 재
   건축 결의 내용에 따른 재건축에 참가할 뜻을 회답한 각 구분소
   유자(그의 승계인을 포함한다) 또는 이들 전원의 합의에 따라 구
   분소유권과 대지사용권을 매수하도록 지정된 자(이하 "매수지정
   자"라 한다)는 제2항의 기간 만료일부터 2개월 이내에 재건축에
   참가하지 아니하겠다는 뜻을 회답한 구분소유자(그의 승계인을
   포함한다)에게 구분소유권과 대지사용권을 시가로 매도할 것을
   청구할 수 있다. 재건축 결의가 있은 후에 이 구분소유자로부터
   대지사용권만을 취득한 자의 대지사용권에 대하여도 또한 같다.
⑤ 제4항에 따른 청구가 있는 경우에 재건축에 참가하지 아니하겠

다는 뜻을 회답한 구분소유자가 건물을 명도(명도)하면 생활에 현저한 어려움을 겪을 우려가 있고 재건축의 수행에 큰 영향이 없을 때에는 법원은 그 구분소유자의 청구에 의하여 대금 지급일 또는 제공일부터 1년을 초과하지 아니하는 범위에서 건물 명도에 대하여 적당한 기간을 허락할 수 있다.

⑥ 재건축 결의일부터 2년 이내에 건물 철거공사가 착수되지 아니한 경우에는 제4항에 따라 구분소유권이나 대지사용권을 매도한 자는 이 기간이 만료된 날부터 6개월 이내에 매수인이 지급한 대금에 상당하는 금액을 그 구분소유권이나 대지사용권을 가지고 있는 자에게 제공하고 이들의 권리를 매도할 것을 청구할 수 있다. 다만, 건물 철거공사가 착수되지 아니한 타당한 이유가 있을 경우에는 그러하지 아니하다.

⑦ 제6항 단서에 따른 건물 철거공사가 착수되지 아니한 타당한 이유가 없어진 날부터 6개월 이내에 공사에 착수하지 아니하는 경우에는 제6항 본문을 준용한다. 이 경우 같은 항 본문 중 "이 기간이 만료된 날부터 6개월 이내에"는 "건물 철거공사가 착수되지 아니한 타당한 이유가 없어진 것을 안 날부터 6개월 또는 그 이유가 없어진 날부터 2년 중 빠른 날까지"로 본다.

[전문개정 2010.3.31]

제49조(재건축에 관한 합의)

재건축 결의에 찬성한 각 구분소유자, 재건축 결의 내용에 따른 재건축에 참가할 뜻을 회답한 각 구분소유자 및 구분소유권 또는 대지사용권을 매수한 각 매수지정자(이들의 승계인을 포함한다)는 재건축 결의 내용에 따른 재건축에 합의한 것으로 본다.

[전문개정 2010.3.31]

제50조(건물이 일부 멸실된 경우의 복구)

① 건물가격의 2분의 1 이하에 상당하는 건물 부분이 멸실되었을

때에는 각 구분소유자는 멸실한 공용부분과 자기의 전유부분을 복구할 수 있다. 다만, 공용부분의 복구에 착수하기 전에 제47조제1항의 결의나 공용부분의 복구에 대한 결의가 있는 경우에는 그러하지 아니하다.

② 제1항에 따라 공용부분을 복구한 자는 다른 구분소유자에게 제12조의 지분비율에 따라 복구에 든 비용의 상환을 청구할 수 있다.

③ 제1항 및 제2항의 규정은 규약으로 달리 정할 수 있다.

④ 건물이 일부 멸실된 경우로서 제1항 본문의 경우를 제외한 경우에 관리단집회는 구분소유자의 5분의 4 이상 및 의결권의 5분의 4 이상으로 멸실한 공용부분을 복구할 것을 결의할 수 있다.

⑤ 제4항의 결의가 있는 경우에는 제47조제5항을 준용한다.

⑥ 제4항의 결의가 있을 때에는 그 결의에 찬성한 구분소유자(그의 승계인을 포함한다) 외의 구분소유자는 결의에 찬성한 구분소유자(그의 승계인을 포함한다)에게 건물 및 그 대지에 관한 권리를 시가로 매수할 것을 청구할 수 있다.

⑦ 제4항의 경우에 건물 일부가 멸실한 날부터 6개월 이내에 같은 항 또는 제47조제1항의 결의가 없을 때에는 각 구분소유자는 다른 구분소유자에게 건물 및 그 대지에 관한 권리를 시가로 매수할 것을 청구할 수 있다.

⑧ 법원은 제2항, 제6항 및 제7항의 경우에 상환 또는 매수청구를 받은 구분소유자의 청구에 의하여 상환금 또는 대금의 지급에 관하여 적당한 기간을 허락할 수 있다.

[전문개정 2010.3.31]

제2장 단지 〈개정 2010.3.31〉

제51조(단지관리단)

① 한 단지에 여러 동의 건물이 있고 그 단지 내의 토지 또는 부

속시설(이들에 관한 권리를 포함한다)이 그 건물 소유자(전유부분이 있는 건물에서는 구분소유자를 말한다)의 공동소유에 속하는 경우에는 이들 소유자는 그 단지 내의 토지 또는 부속시설을 관리하기 위한 단체를 구성하여 이 법에서 정하는 바에 따라 집회를 개최하고 규약을 정하며 관리인을 둘 수 있다.

② 한 단지에 여러 동의 건물이 있고 단지 내의 토지 또는 부속시설(이들에 관한 권리를 포함한다)이 그 건물 소유자(전유부분이 있는 건물에서는 구분소유자를 말한다) 중 일부의 공동소유에 속하는 경우에는 이들 소유자는 그 단지 내의 토지 또는 부속시설을 관리하기 위한 단체를 구성하여 이 법에서 정하는 바에 따라 집회를 개최하고 규약을 정하며 관리인을 둘 수 있다.

③ 제1항의 단지관리단은 단지관리단의 구성원이 속하는 각 관리단의 사업의 전부 또는 일부를 그 사업 목적으로 할 수 있다. 이 경우 각 관리단의 구성원의 4분의 3 이상 및 의결권의 4분의 3 이상에 의한 관리단집회의 결의가 있어야 한다.

[전문개정 2010.3.31]

제52조(단지에 대한 준용)

제51조의 경우에는 제3조, 제23조의2, 제24조, 제24조의2, 제25조, 제26조, 제26조의2부터 제26조의4까지, 제27조부터 제42조까지 및 제42조의2를 준용한다. 이 경우 전유부분이 없는 건물은 해당 건물의 수를 전유부분의 수로 한다. 〈개정 2012.12.18, 2020.2.4〉

[전문개정 2010.3.31]

제2장의2 집합건물분쟁조정위원회 〈신설 2012.12.18〉

제52조의2(집합건물분쟁조정위원회)

① 이 법을 적용받는 건물과 관련된 분쟁을 심의·조정하기 위하여 특별시·광역시·특별자치시·도 또는 특별자치도(이하 "시·도"라 한

다)에 집합건물분쟁조정위원회(이하 "조정위원회"라 한다)를 둔다.
② 조정위원회는 분쟁 당사자의 신청에 따라 다음 각 호의 분쟁 (이하 "집합건물분쟁"이라 한다)을 심의 · 조정한다. 〈개정 2015.8. 11, 2020.2.4〉

1. 이 법을 적용받는 건물의 하자에 관한 분쟁. 다만, 「공동주택관리법」 제36조 및 제37조에 따른 공동주택의 담보책임 및 하자보수 등과 관련된 분쟁은 제외한다.
2. 관리인 · 관리위원의 선임 · 해임 또는 관리단 · 관리위원회의 구성 · 운영에 관한 분쟁
3. 공용부분의 보존 · 관리 또는 변경에 관한 분쟁
4. 관리비의 징수 · 관리 및 사용에 관한 분쟁
5. 규약의 제정 · 개정에 관한 분쟁
6. 재건축과 관련된 철거, 비용분담 및 구분소유권 귀속에 관한 분쟁
6의 2. 소음 · 진동 · 악취 등 공동생활과 관련된 분쟁
7. 그 밖에 이 법을 적용받는 건물과 관련된 분쟁으로서 대통령령으로 정한 분쟁

[본조신설 2012.12.18]

제52조의3(조정위원회의 구성과 운영)

① 조정위원회는 위원장 1명과 부위원장 1명을 포함한 10명 이내의 위원으로 구성한다.
② 조정위원회의 위원은 집합건물분쟁에 관한 법률지식과 경험이 풍부한 사람으로서 다음 각 호의 어느 하나에 해당하는 사람 중에서 시 · 도지사가 임명하거나 위촉한다. 이 경우 제1호 및 제2호에 해당하는 사람이 각각 2명 이상 포함되어야 한다.

1. 법학 또는 조정 · 중재 등의 분쟁조정 관련 학문을 전공한 사람으로서 대학에서 조교수 이상으로 3년 이상 재직한 사람
2. 변호사 자격이 있는 사람으로서 3년 이상 법률에 관한 사무

에 종사한 사람

   3. 건설공사, 하자감정 또는 공동주택관리에 관한 전문적 지식을 갖춘 사람으로서 해당 업무에 3년 이상 종사한 사람

   4. 해당 시·도 소속 5급 이상 공무원으로서 관련 업무에 3년 이상 종사한 사람

③ 조정위원회의 위원장은 해당 시·도지사가 위원 중에서 임명하거나 위촉한다.

④ 조정위원회에는 분쟁을 효율적으로 심의·조정하기 위하여 3명 이내의 위원으로 구성되는 소위원회를 둘 수 있다. 이 경우 소위원회에는 제2항제1호 및 제2호에 해당하는 사람이 각각 1명 이상 포함되어야 한다.

⑤ 조정위원회는 재적위원 과반수의 출석과 출석위원 과반수의 찬성으로 의결하며, 소위원회는 재적위원 전원 출석과 출석위원 과반수의 찬성으로 의결한다.

⑥ 제1항부터 제5항까지에서 규정한 사항 외에 조정위원회와 소위원회의 구성 및 운영에 필요한 사항과 조정 절차에 관한 사항은 대통령령으로 정한다.

[본조신설 2012.12.18]

제52조의4(위원의 제척 등)

① 조정위원회의 위원이 다음 각 호의 어느 하나에 해당하는 경우에는 그 사건의 심의·조정에서 제척(제척)된다.

   1. 위원 또는 그 배우자나 배우자이었던 사람이 해당 집합건물분쟁의 당사자가 되거나 그 집합건물분쟁에 관하여 당사자와 공동권리자 또는 공동의무자의 관계에 있는 경우

   2. 위원이 해당 집합건물분쟁의 당사자와 친족이거나 친족이었던 경우

   3. 위원이 해당 집합건물분쟁에 관하여 진술이나 감정을 한 경우

   4. 위원이 해당 집합건물분쟁에 당사자의 대리인으로서 관여한

경우

5. 위원이 해당 집합건물분쟁의 원인이 된 처분이나 부작위에 관여한 경우

② 조정위원회는 위원에게 제1항의 제척 원인이 있는 경우에는 직권이나 당사자의 신청에 따라 제척의 결정을 한다.

③ 당사자는 위원에게 공정한 직무집행을 기대하기 어려운 사정이 있으면 조정위원회에 해당 위원에 대한 기피신청을 할 수 있다.

④ 위원은 제1항 또는 제3항의 사유에 해당하면 스스로 그 집합건물분쟁의 심의·조정을 회피할 수 있다.

[본조신설 2012.12.18]

제52조의5(분쟁조정신청과 통지 등)

① 조정위원회는 당사자 일방으로부터 분쟁의 조정신청을 받은 경우에는 지체 없이 그 신청내용을 상대방에게 통지하여야 한다.

② 제1항에 따라 통지를 받은 상대방은 그 통지를 받은 날부터 7일 이내에 조정에 응할 것인지에 관한 의사를 조정위원회에 통지하여야 한다.

③ 제1항에 따라 분쟁의 조정신청을 받은 조정위원회는 분쟁의 성질 등 조정에 적합하지 아니한 사유가 있다고 인정하는 경우에는 해당 조정의 불개시(부개시) 결정을 할 수 있다. 이 경우 조정의 불개시 결정 사실과 그 사유를 당사자에게 통보하여야 한다.

[본조신설 2012.12.18]

제52조의6(조정의 절차)

① 조정위원회는 제52조의5제1항에 따른 조정신청을 받으면 같은 조 제2항에 따른 조정 불응 또는 같은 조 제3항에 따른 조정의 불개시 결정이 있는 경우를 제외하고는 지체 없이 조정 절차를 개시하여야 하며, 신청을 받은 날부터 60일 이내에 그 절차를 마쳐야 한다.

② 조정위원회는 제1항의 기간 내에 조정을 마칠 수 없는 경우에는 조정위원회의 의결로 그 기간을 30일의 범위에서 한 차례만 연장할 수 있다. 이 경우 그 사유와 기한을 분명히 밝혀 당사자에게 서면으로 통지하여야 한다.

③ 조정위원회는 제1항에 따른 조정의 절차를 개시하기 전에 이해관계인 등의 의견을 들을 수 있다.

④ 조정위원회는 제1항에 따른 절차를 마쳤을 때에는 조정안을 작성하여 지체 없이 각 당사자에게 제시하여야 한다.

⑤ 제4항에 따른 조정안을 제시받은 당사자는 제시받은 날부터 14일 이내에 조정안의 수락 여부를 조정위원회에 통보하여야 한다. 이 경우 당사자가 그 기간 내에 조정안에 대한 수락 여부를 통보하지 아니한 경우에는 조정안을 수락한 것으로 본다.

[본조신설 2012.12.18]

제52조의7(출석 및 자료제출 요구)

① 조정위원회는 조정을 위하여 필요하다고 인정하는 경우 분쟁당사자, 분쟁 관련 이해관계인 또는 참고인에게 출석하여 진술하게 하거나 조정에 필요한 자료나 물건 등을 제출하도록 요구할 수 있다.

② 조정위원회는 해당 조정업무에 참고하기 위하여 시·도지사 및 관련기관에 해당 분쟁과 관련된 자료를 요청할 수 있다.

[본조신설 2020.2.4.] [종전 제52조의7은 제52조의8로 이동 〈2020.2.4〉]

제52조의8(조정의 중지 등)

① 조정위원회는 당사자가 제52조의5제2항에 따라 조정에 응하지 아니할 의사를 통지하거나 제52조의6제5항에 따라 조정안을 거부한 경우에는 조정을 중지하고 그 사실을 상대방에게 서면으로 통보하여야 한다.

② 조정위원회는 당사자 중 일방이 소를 제기한 경우에는 조정을

중지하고 그 사실을 상대방에게 통보하여야 한다.

③ 조정위원회는 법원에 소송계속 중인 당사자 중 일방이 조정을 신청한 때에는 해당 조정 신청을 결정으로 각하하여야 한다.

[본조신설 2012.12.18.] [제52조의7에서 이동, 종전 제52조의8은 제52조의9로 이동 〈2020.2.4〉]

제52조의9(조정의 효력)

① 당사자가 제52조의6제5항에 따라 조정안을 수락하면 조정위원회는 지체 없이 조정서 3부를 작성하여 위원장 및 각 당사자로 하여금 조정서에 서명날인하게 하여야 한다.

② 제1항의 경우 당사자 간에 조정서와 같은 내용의 합의가 성립된 것으로 본다.

[본조신설 2012.12.18.] [제52조의8에서 이동, 종전 제52조의9는 제52조의10으로 이동 〈2020.2.4〉]

제52조의10(하자 등의 감정)

① 조정위원회는 당사자의 신청으로 또는 당사자와 협의하여 대통령령으로 정하는 안전진단기관, 하자감정전문기관 등에 하자진단 또는 하자감정 등을 요청할 수 있다.

② 조정위원회는 당사자의 신청으로 또는 당사자와 협의하여 「공동주택관리법」 제39조에 따른 하자심사·분쟁조정위원회에 하자판정을 요청할 수 있다. 〈개정 2015.8.11〉

③ 제1항 및 제2항에 따른 비용은 대통령령으로 정하는 바에 따라 당사자가 부담한다.

[본조신설 2012.12.18.] [제52조의9에서 이동 〈2020.2.4〉]

제3장 구분건물의 건축물대장 〈개정 2010.3.31〉

제53조(건축물대장의 편성)

① 소관청은 이 법을 적용받는 건물에 대하여는 이 법에서 정하는

건축물대장과 건물의 도면 및 각 층의 평면도를 갖추어 두어야 한다. 〈개정 2020.2.4〉

② 대장은 1동의 건물을 표시할 용지와 그 1동의 건물에 속하는 전유부분의 건물을 표시할 용지로 편성한다.

③ 1동의 건물에 대하여는 각 1용지를 사용하고 전유부분의 건물에 대하여는 구분한 건물마다 1용지를 사용한다.

④ 1동의 건물에 속하는 구분한 건물의 대장은 1책에 편철하고 1동의 건물을 표시할 용지 다음에 구분한 건물을 표시할 용지를 편철한다.

⑤ 제4항의 경우에 편철한 용지가 너무 많을 때에는 여러 책으로 나누어 편철할 수 있다.

[전문개정 2010.3.31]

제54조(건축물대장의 등록사항)

① 1동의 건물을 표시할 용지에는 다음 각 호의 사항을 등록하여야 한다. 〈개정 2013.3.23, 2020.2.4〉
  1. 1동의 건물의 소재지와 지번(지번)
  2. 1동의 건물에 번호가 있을 때에는 그 번호
  3. 1동의 건물의 구조와 면적
  4. 1동의 건물에 속하는 전유부분의 번호
  5. 그 밖에 국토교통부령으로 정하는 사항

② 전유부분을 표시할 용지에는 다음 각 호의 사항을 등록하여야 한다. 〈개정 2013.3.23〉
  1. 전유부분의 번호
  2. 전유부분이 속하는 1동의 건물의 번호
  3. 전유부분의 종류, 구조와 면적
  4. 부속건물이 있을 때에는 부속건물의 종류, 구조, 면적
  5. 소유자의 성명 또는 명칭과 주소 또는 사무소. 이 경우 소유자가 둘 이상일 때에는 그 지분

6. 그 밖에 국토교통부령으로 정하는 사항

③ 제2항제4호의 경우에 부속건물이 그 전유부분과 다른 별채의 건물이거나 별채인 1동의 건물을 구분한 것일 때에는 그 1동의 건물의 소재지, 지번, 번호, 종류, 구조 및 면적을 등록하여야 한다.

④ 제3항의 경우에 건물의 표시 및 소유자의 표시에 관한 사항을 등록할 때에는 원인 및 그 연월일과 등록연월일을 적어야 한다.

⑤ 제3조제2항 및 제3항에 따른 공용부분의 등록에 관하여는 제2항과 제4항을 준용한다. 이 경우 그 건물의 표시란에 공용부분이라는 취지를 등록한다.

⑥ 구분점포의 경우에는 전유부분 용지의 구조란에 경계벽이 없다는 뜻을 적어야 한다.

[전문개정 2010.3.31]

제55조(건축물대장의 등록절차)

건축물대장의 등록은 소유자 등의 신청이나 소관청의 조사결정에 의한다.

[전문개정 2010.3.31]

제56조(건축물대장의 신규 등록신청)

① 이 법을 적용받는 건물을 신축한 자는 1개월 이내에 1동의 건물에 속하는 전유부분 전부에 대하여 동시에 건축물대장 등록신청을 하여야 한다.

② 제1항의 신청서에는 제54조에 규정된 사항을 적고 건물의 도면, 각 층의 평면도(구분점포의 경우에는 「건축사법」 제23조에 따라 신고한 건축사 또는 「공간정보의 구축 및 관리 등에 관한 법률」 제39조제2항에서 정한 측량기술자가 구분점포의 경계표지에 관한 측량성과를 적어 작성한 평면도를 말한다)와 신청인의 소유임을 증명하는 서면을 첨부하여야 하며, 신청서에 적은

사항 중 규약이나 규약에 상당하는 공정증서로써 정한 것이 있는 경우에는 그 규약이나 공정증서를 첨부하여야 한다. 〈개정 2014.6.3〉

③ 이 법을 적용받지 아니하던 건물이 구분, 신축 등으로 인하여 이 법을 적용받게 된 경우에는 제1항과 제2항을 준용한다.

④ 제3항의 경우에 건물 소유자는 다른 건물의 소유자를 대위(대위)하여 제1항의 신청을 할 수 있다.

[전문개정 2010.3.31]

제57조(건축물대장의 변경등록신청)

① 건축물대장에 등록한 사항이 변경된 경우에는 소유자는 1개월 이내에 변경등록신청을 하여야 한다.

② 1동의 건물을 표시할 사항과 공용부분의 표시에 관한 사항의 변경등록은 전유부분 소유자 중 1인 또는 여럿이 제1항의 기간까지 신청할 수 있다.

③ 제1항 및 제2항의 신청서에는 변경된 사항과 1동의 건물을 표시하기에 충분한 사항을 적고 그 변경을 증명하는 서면을 첨부하여야 하며 건물의 소재지, 구조, 면적이 변경되거나 부속건물을 신축한 경우에는 건물도면 또는 각 층의 평면도도 첨부하여야 한다.

④ 구분점포는 제1조의2제1항제1호의 용도 외의 다른 용도로 변경할 수 없다.

[전문개정 2010.3.31]

제58조(신청의무의 승계)

소유자가 변경된 경우에는 전 소유자가 하여야 할 제56조와 제57조제1항의 등록신청은 소유자가 변경된 날부터 1개월 이내에 새로운 소유자가 하여야 한다.

[전문개정 2010.3.31]

제59조(소관청의 직권조사)

① 소관청은 제56조 또는 제57조의 신청을 받아 또는 직권으로 건축물대장에 등록할 때에는 소속 공무원에게 건물의 표시에 관한 사항을 조사하게 할 수 있다.

② 소관청은 구분점포에 관하여 제56조 또는 제57조의 신청을 받으면 신청 내용이 제1조의2제1항 각 호의 요건을 충족하는지와 건축물의 실제 현황과 일치하는지를 조사하여야 한다.

③ 제1항 및 제2항의 조사를 하는 경우 해당 공무원은 일출 후 일몰 전까지 그 건물에 출입할 수 있으며, 점유자나 그 밖의 이해관계인에게 질문하거나 문서의 제시를 요구할 수 있다. 이 경우 관계인에게 그 신분을 증명하는 증표를 보여주어야 한다.

[전문개정 2010.3.31]

제60조(조사 후 처리)

① 제56조의 경우에 소관청은 관계 공무원의 조사 결과 그 신고 내용이 부당하다고 인정할 때에는 그 취지를 적어 정정할 것을 명하고, 그 신고 내용을 정정하여도 그 건물의 상황이 제1조 또는 제1조의2의 규정에 맞지 아니하다고 인정할 때에는 그 등록을 거부하고 그 건물 전체를 하나의 건물로 하여 일반건축물대장에 등록하여야 한다.

② 제1항의 경우에는 일반건축물대장에 등록한 날부터 7일 이내에 신고인에게 그 등록거부 사유를 서면으로 통지하여야 한다.

[전문개정 2010.3.31]

제61조판례문헌

삭제 *〈2011.4.12〉*

제62조문헌

삭제 *〈2011.4.12〉*

제63조문헌

삭제 〈2011.4.12〉

제64조문헌

삭제 〈2011.4.12〉

제4장 벌칙 〈개정 2010.3.31〉

제65조(벌금)

① 제1조의2제1항에서 정한 경계표지 또는 건물번호표지를 파손, 이동 또는 제거하거나 그 밖의 방법으로 경계를 알아볼 수 없게 한 사람은 3년 이하의 징역 또는 1천만원 이하의 벌금에 처한다.

② 건축사 또는 측량기술자가 제56조제2항에서 정한 평면도에 측량성과를 사실과 다르게 적었을 때에는 2년 이하의 징역 또는 500만원 이하의 벌금에 처한다.

[전문개정 2010.3.31]

제66조(과태료)

① 다음 각 호의 어느 하나에 해당하는 자에게는 500만원 이하의 과태료를 부과한다.

　1. 제26조의2제1항 또는 제3항(제52조에서 준용하는 경우를 포함한다)에 따른 회계감사를 받지 아니하거나 부정한 방법으로 받은 자

　2. 제26조의2제6항(제52조에서 준용하는 경우를 포함한다)을 위반하여 회계감사를 방해하는 등 같은 항 각 호의 어느 하나에 해당하는 행위를 한 자

② 다음 각 호의 어느 하나에 해당하는 자에게는 300만원 이하의 과태료를 부과한다.

　1. 제26조의2제4항(제52조에서 준용하는 경우를 포함한다)을

위반하여 회계감사 결과를 보고하지 아니하거나 거짓으로 보고한 자

2. 제59조제1항에 따른 조사를 거부·방해 또는 기피한 자
3. 제59조제3항에 따른 질문 및 문서 제시 요구에 응하지 아니하거나 거짓으로 응한 자

③ 다음 각 호의 어느 하나에 해당하는 자에게는 200만원 이하의 과태료를 부과한다.

1. 제9조의3제3항을 위반하여 통지를 하지 아니한 자
2. 제9조의3제4항을 위반하여 관리단집회를 소집하지 아니한 자
3. 제24조제6항(제52조에서 준용하는 경우를 포함한다)에 따른 신고를 하지 아니한 자
4. 제26조제1항(제52조에서 준용하는 경우를 포함한다)을 위반하여 보고를 하지 아니하거나 거짓으로 보고한 자
5. 제30조제1항, 제39조제4항, 제41조제3항(이들 규정을 제52조에서 준용하는 경우를 포함한다)을 위반하여 규약, 의사록 또는 서면(전자적 방법으로 기록된 정보를 포함한다)을 보관하지 아니한 자
6. 제30조제3항, 제39조제4항, 제41조제3항(이들 규정을 제52조에서 준용하는 경우를 포함한다)을 위반하여 정당한 사유 없이 규약, 의사록 또는 서면(전자적 방법으로 기록된 정보를 포함한다)의 열람이나 등본의 발급청구를 거부한 자
7. 제39조제2항 및 제3항(이들 규정을 제52조에서 준용하는 경우를 포함한다)을 위반하여 의사록을 작성하지 아니하거나 의사록에 적어야 할 사항을 적지 아니하거나 거짓으로 적은 자
8. 제56조제1항, 제57조제1항, 제58조에 따른 등록신청을 게을리 한 자

④ 제1항부터 제3항까지의 규정에 따른 과태료는 대통령령으로

정하는 바에 따라 소관청이 부과·징수한다.

[전문개정 2020.2.4]

부칙 〈제3725호, 1984.4.10.〉

제1조 (시행일)
이 법은 공포후 1년이 경과한 날로부터 시행한다.

제2조 (현존 가옥대장의 개제등에 관한 경과조치) ① 이 법 시행당시 현존하는 구분건물의 가옥대장은 이 법 시행후 1년이내에 이 법의 규정에 의한 양식의 대장으로 개제하여야 한다. 이 경우 가옥대장이 비치되지 아니한 때에는 건축법의 규정에 의한 건축물대장을 가옥대장으로 본다.

② 제1항 후단의 규정에 의하여 개제한 건축물대장은 이 법에 의한 가옥대장으로 본다.

제3조 (공용부분의 지분에 관한 경과조치) 이 법 시행당시 현존하는 공용부분이 구분소유자 전원 또는 그 일부의 공유에 속하는 경우에 각 공유자의 지분이 제12조의 규정에 합당하지 아니할 때에는 그 지분은 제10조제2항 단서의 규정에 의하여 규약으로써 정한 것으로 본다.

제4조 (경과조치) 이 법 시행당시 현존하는 전유부분과 이에 대한 대지사용권에 관한 제20조 내지 제22조의 규정은 이 법의 시행일로부터 2년이 경과한 날로부터 적용한다. 다만, 법률 제3726호 부동산등기법중개정법률 부칙 제2조제2항의 규정에 의한 등기를 완료한 건물에 대하여는 그 등기를 완료한 날의 다음날로부터 이 법 제20조 내지 제22조의 규정을 적용한다. 〈개정 1986.5.12〉

제5조 (공유지분등의 취득에 관한 경과조치) ① 이 법 시행당시 구분 건물로 등기된 건물이 제1조의 규정에 부합하지 아니하여 그 등기 용지가 폐쇄된 때에는 그 건물의 소유자는 분양가 또는 분양가를 알 수 없을 때에는 감정업자의 감정가의 비율에 따라 그 건물이

속하는 1동의 건물의 공유지분을 취득한 것으로 본다.

② 제1항의 경우 그 구분건물에 등기된 소유권의 등기외의 권리에 관한 등기의 효력은 그 지분에 당연히 미친다.

제6조 삭제 〈2012.12.18.〉

〈제3826호,1986.5.12〉

이 법은 공포한 날로부터 시행한다.

〈제5592호,1998.12.28〉

제1조 (시행일) 이 법은 공포한 날부터 시행한다.

제2조 (다른 법률의 개정) ① 내지 ⑧생략

⑨ 집합건물의소유및관리에관한법률중 다음과 같이 개정한다.

제62조ㆍ제63조 및 제64조제1항중 "등기공무원"을 각각 "등기관"으로 한다.

⑩생략

제3조 (다른 법령과의 관계) 이 법 시행당시 다른 법령에서 등기공무원을 인용한 경우에는 등기관을 인용한 것으로 본다.

〈제6925호,2003.7.18〉

①(시행일) 이 법은 공포후 6월이 경과한 날부터 시행한다.

②(경과조치) 이 법 시행 당시 구분건물로 등기된 건물이 제1조의 규정에 부합하지 아니하여도 이 법 시행후 2년 이내에 제1조의2제1항에서 정한 구분점포로서의 요건을 갖추고 제56조제2항의 평면도를 첨부하여 제54조제1항제3호와 동조제6항에 관한 건축물대장 변경등록을 마친 경우에는 구분건물로 등기된 때에 구분점포별로 소유권의 목적이 된 것으로 본다.

〈제7502호,2005.5.26〉

이 법은 공포한 날부터 시행한다.

〈제9172호,2008.12.26〉

이 법은 공포한 날부터 시행한다.

〈제9647호,2009.5.8〉

①(시행일) 이 법은 공포한 날부터 시행한다.

②(벌칙 및 과태료에 관한 경과조치) 이 법 시행 전의 행위에 대하여 벌칙 및 과태료를 적용할 때에는 종전의 규정에 따른다.

③(과태료재판에 관한 경과조치) 이 법 시행 당시 법원에 계속 중인 과태료재판에 대하여는 종전의 규정에 따른다.

〈제9774호, 2009.6.9〉

제1조(시행일) 이 법은 공포 후 6개월이 경과한 날부터 시행한다.

제2조부터 제17조까지 생략

제18조(다른 법률의 개정) ① 부터 〈40〉 까지 생략

〈41〉 집합건물의 소유 및 관리에 관한 법률 일부를 다음과 같이 개정한다.

제56조제2항 중 "측량법 제2조제15호"를 "「측량·수로조사 및 지적에 관한 법률」 제39조제2항"으로 한다.

〈42〉 부터 〈44〉 까지 생략

제19조 생략

〈제10204호,2010.3.31〉

이 법은 공포한 날부터 시행한다.

부칙(부동산등기법) 〈제10580호, 2011.4.12〉

제1조(시행일) 이 법은 공포 후 6개월이 경과한 날부터 시행한다.
〈단서 생략〉

제2조 및 제3조 생략

제4조(다른 법률의 개정) ①부터 〈33〉까지 생략

〈34〉 집합건물의 소유 및 관리에 관한 법률 일부를 다음과 같이 개정한다.

제61조부터 제64조까지를 각각 삭제한다.

〈35〉부터 〈42〉까지 생략

제5조 생략

〈제11555호,2012.12.18〉

제1조(시행일) 이 법은 공포 후 6개월이 경과한 날부터 시행한다.

제2조(관리인 임기에 관한 적용례) 제24조제2항의 개정규정은 이 법 시행 후 최초로 선임되거나 임기가 새로 개시되는 관리인부터 적용한다.

제3조(담보책임에 관한 경과조치) 제2조의2, 제9조, 제9조의2, 법률 제3725호 집합건물의소유및관리에관한법률 부칙 제6조(법률 제7502호 집합건물의소유및관리에관한법률 일부개정법률에 따라 개정된 내용을 포함한다)의 개정규정 및 부칙 제4조에도 불구하고 이 법 시행 전에 분양된 건물의 담보책임에 관하여는 종전의 규정에 따른다.

제4조(다른 법률의 개정) 주택법 일부를 다음과 같이 개정한다.

제46조제1항 각 호 외의 부분 중 "「민법」 제667조부터 제671조까지의 규정을 준용하도록 한 「집합건물의 소유 및 관리에 관한 법률」 제9조에도 불구하고, 공동주택의 사용검사일(주택단지 안의 공동주택의 전부에 대하여 임시 사용승인을 받은 경우에는 그 임시 사용승인일을 말하고, 제29조제1항 단서에 따라 분할 사용검사나 동별 사용검사를 받은 경우에는 분할 사용검사일 또는 동별 사용검사일을 말한다) 또는 「건축법」 제22조에 따른 공동주택의 사용승인일부터"를 "전유부분은 입주자에게 인도한 날부터, 공용부

분은 공동주택의 사용검사일(주택단지 안의 공동주택의 전부에 대하여 임시 사용승인을 받은 경우에는 그 임시 사용승인일을 말하고, 제29조제1항 단서에 따라 분할 사용검사나 동별 사용검사를 받은 경우에는 분할 사용검사일 또는 동별 사용검사일을 말한다) 또는 「건축법」 제22조에 따른 공동주택의 사용승인일부터"로 한다.

부칙(정부조직법) 〈제11690호, 2013.3.23〉

제1조(시행일) ① 이 법은 공포한 날부터 시행한다.

② 생략

제2조부터 제5조까지 생략

제6조(다른 법률의 개정) ①부터 〈132〉까지 생략

〈133〉 집합건물의 소유 및 관리에 관한 법률 일부를 다음과 같이 개정한다.

제54조제1항제5호 및 제2항제6호 중 "국토해양부령"을 각각 "국토교통부령"으로 한다.

〈134〉부터 〈710〉까지 생략

제7조 생략

부칙(공간정보의 구축 및 관리 등에 관한 법률) 〈제12738호, 2014.6.3〉

제1조(시행일) 이 법은 공포 후 1년이 경과한 날부터 시행한다.

〈단서 생략〉

제2조(다른 법률의 개정) ①부터 〈60〉까지 생략

〈61〉 집합건물의 소유 및 관리에 관한 법률 일부를 다음과 같이 개정한다.

제56조제2항 중 "「측량·수로조사 및 지적에 관한 법률」 제39조제2항"을 "「공간정보의 구축 및 관리 등에 관한 법률」 제39조제2항"으로 한다.

〈62〉부터 〈65〉까지 생략

제3조 생략

부칙(공동주택관리법) 〈제13474호, 2015.8.11〉

제1조(시행일) 이 법은 공포 후 1년이 경과한 날부터 시행한다.

제2조부터 제33조까지 생략

제34조(다른 법률의 개정) ①부터 ⑮까지 생략

〈16〉 집합건물의 소유 및 관리에 관한 법률 일부를 다음과 같이 개정한다.

제2조의2의 제목 중 "「주택법」"을 "다른 법률"로 하고, 같은 조 중 "「주택법」"을 "「주택법」 및 「공동주택관리법」"으로 하며, 제52조의2제2항제1호 단서 중 "「주택법」 제46조"를 "「공동주택관리법」 제36조 및 제37조"로 하고, 제52조의9제2항 중 "「주택법」 제46조의2"를 "「공동주택관리법」 제39조"로 한다.

제35조 및 제36조 생략

〈제13805호, 2016.1.19〉

제1조(시행일) 이 법은 2016년 8월 12일부터 시행한다.

제2조부터 제20조까지 생략

제21조(다른 법률의 개정) ①부터 〈75〉까지 생략

〈76〉 집합건물의 소유 및 관리에 관한 법률 일부를 다음과 같이 개정한다.

제9조의2제2항제2호 중 "「주택법」 제29조"를 각각 "「주택법」 제49조"로 한다.

〈77〉부터 〈86〉까지 생략

제22조 생략

〈제16919호,2020.2.4〉

제1조(시행일) 이 법은 공포 후 1년이 경과한 날부터 시행한다.

제2조(분양자의 통지의무 등에 관한 적용례) 제9조의3의 개정규정은

이 법 시행 이후 분양하는 경우부터 적용한다.

제3조(관리인 선임 등 신고에 관한 적용례) 제24조제6항의 개정규정 (제52조의 개정규정에서 준용하는 경우를 포함한다)은 이 법 시행 이후 관리인을 선임하는 경우부터 적용한다.

제4조(관리인의 회계감사에 관한 적용례) 제26조의2의 개정규정(제52조의 개정규정에서 준용하는 경우를 포함한다)은 이 법 시행 이후 개시되는 회계연도부터 적용한다.

제5조(관리위원회 구성에 관한 경과조치) 이 법 시행 당시 재직 중인 관리위원회 위원에 대해서는 잔여임기 동안 제26조의4제2항의 개정규정(제52조의 개정규정에서 준용하는 경우를 포함한다)에도 불구하고 종전의 규정에 따른다.

집합건물의 소유 및 관리에 관한 법률 시행령

일부개정 2021. 2. 2. [대통령령 제31423호, 시행 2021. 2. 5.] 법무부

제1조(목적)

이 영은 「집합건물의 소유 및 관리에 관한 법률」에서 위임된 사항과 그 시행에 필요한 사항을 규정함을 목적으로 한다.

제2조(경계표지)

① 「집합건물의 소유 및 관리에 관한 법률」(이하 "법"이라 한다) 제1조의2제1항제3호에 따른 경계표지는 바닥에 너비 3센티미터 이상의 동판, 스테인리스강판, 석재 또는 그 밖에 쉽게 부식·손상 또는 마모되지 아니하는 재료로서 구분점포의 바닥재료와는 다른 재료로 설치하여야 한다.

② 경계표지 재료의 색은 건물바닥의 색과 명확히 구분되어야 한다.

제3조(건물번호표지)

① 법 제1조의2제1항제4호에 따른 건물번호표지는 구분점포 내 바닥의 잘 보이는 곳에 설치하여야 한다.

② 건물번호표지 글자의 가로규격은 5센티미터 이상, 세로규격은 10센티미터 이상이 되어야 한다.

③ 구분점포의 위치가 표시된 현황도를 건물 각 층 입구의 잘 보이는 곳에 견고하게 설치하여야 한다.

④ 건물번호표지의 재료와 색에 관하여는 제2조를 준용한다.

제4조(시공자의 범위)

법 제9조제1항 전단에서 "대통령령으로 정하는 자"란 다음 각 호의 자를 말한다.

   1. 건물의 전부 또는 일부를 시공하여 완성한 자

2. 제1호의 자로부터 건물의 시공을 일괄 도급받은 자(제1호의 자가 담보책임을 질 수 없는 경우로 한정한다)

제5조(담보책임의 존속기간)

법 제9조의2제1항제2호에서 "대통령령으로 정하는 기간"이란 다음 각 호의 구분에 따른 기간을 말한다.

1. 법 제9조의2제2항 각 호에 따른 기산일 전에 발생한 하자: 5년

2. 법 제9조의2제2항 각 호에 따른 기산일 이후에 발생한 하자: 다음 각 목의 구분에 따른다.

   가. 대지조성공사, 철근콘크리트공사, 철골공사, 조적(조적) 공사, 지붕 및 방수공사의 하자 등 건물의 구조상 또는 안전상의 하자: 5년

   나. 「건축법」 제2조제1항제4호에 따른 건축설비 공사(이와 유사한 설비공사를 포함한다), 목공사, 창호공사 및 조경 공사의 하자 등 건물의 기능상 또는 미관상의 하자: 3년

   다. 마감공사의 하자 등 하자의 발견·교체 및 보수가 용이한 하자: 2년

제5조의2(분양자의 관리단집회 소집통지 등)

① 법 제9조제1항에 따른 분양자(이하 "분양자"라 한다)는 법 제9조의3제3항에 따라 구분소유자에게 규약 설정 및 관리인 선임을 위한 관리단집회(법 제23조에 따른 관리단의 집회를 말한다. 이하 같다)를 소집할 것을 다음 각 호의 사항을 기재한 서면으로 통지해야 한다.

1. 예정된 매수인 중 이전등기를 마친 매수인의 비율

2. 법 제33조제2항에 따른 관리단집회의 소집청구에 필요한 구분소유자의 정수(정수)

3. 구분소유자는 해당 통지를 받은 날부터 3개월 이내에 관리단

집회를 소집해야 하고 그렇지 않은 경우에는 분양자가 법 제9조의3제4항에 따라 지체 없이 관리단집회를 소집한다는 뜻

② 제1항의 통지는 구분소유자가 분양자에게 따로 통지장소를 알린 경우에는 그 장소로 발송하고, 알리지 않은 경우에는 구분소유자가 소유하는 전유부분이 있는 장소로 발송해야 한다. 이 경우 제1항의 통지는 통상적으로 도달할 시기에 도달한 것으로 본다.

③ 분양자는 제1항의 통지내용을 건물 내의 적당한 장소에 게시함으로써 건물 내에 주소를 가지는 구분소유자 또는 제2항의 통지장소를 알리지 않은 구분소유자에 대한 소집통지를 갈음할 수 있음을 법 제9조의3제2항에 따른 규약에 상응하는 것으로 정할 수 있다. 이 경우 제1항의 통지는 게시한 때에 도달한 것으로 본다.

[본조신설 2021.2.2]

제5조의3(수선계획의 수립)

법 제23조에 따른 관리단(이하 "관리단"이라 한다)이 법 제17조의2제1항에 따라 수립하는 수선계획에는 다음 각 호의 사항이 포함되어야 한다.

1. 계획기간
2. 외벽 보수, 옥상 방수, 급수관·배수관 교체, 창·현관문 등의 개량 등 수선대상 및 수선방법
3. 수선대상별 예상 수선주기
4. 계획기간 내 수선비용 추산액 및 산출근거
5. 수선계획의 재검토주기
6. 법 제17조의2제2항 본문에 따른 수선적립금(이하 "수선적립금"이라 한다)의 사용절차
7. 그 밖에 관리단집회의 결의에 따라 수선계획에 포함하기로 한 사항

[본조신설 2021.2.2]

제5조의4(수선적립금의 징수·적립)

① 관리단은 법 제17조의2제2항 본문에 따라 수선적립금을 징수하려는 경우 관리비와 구분하여 징수해야 한다.

② 수선적립금은 법 제28조에 따른 규약(이하 "규약"이라 한다)이나 관리단집회의 결의로 달리 정한 바가 없으면 법 제12조에 따른 구분소유자의 지분 비율에 따라 산출하여 징수하고, 관리단이 존속하는 동안 매달 적립한다. 이 경우 분양되지 않은 전유부분의 면적 비율에 따라 산출한 수선적립금 부담분은 분양자가 부담한다.

③ 수선적립금의 예치방법에 관하여 규약이나 관리단집회의 결의로 달리 정한 바가 없으면 「은행법」 제2조제1항제2호에 따른 은행 또는 우체국에 관리단의 명의로 계좌를 개설하여 예치해야 한다.

④ 구분소유자는 수선적립금을 법 제5조제4항에 따른 점유자(이하 "점유자"라 한다)가 대신하여 납부한 경우에는 그 금액을 점유자에게 지급해야 한다.

[본조신설 2021.2.2]

제5조의5(관리인의 선임신고)

법 제24조제6항에 따른 관리인으로 선임된 자는 선임일부터 30일 이내에 별지 서식의 관리인 선임 신고서에 관리단집회 의사록 등 선임사실을 입증할 수 있는 자료를 첨부하여 특별자치시장, 특별자치도지사, 시장, 군수 또는 자치구의 구청장(이하 "소관청"이라 한다)에게 제출해야 한다.

[본조신설 2021.2.2]

제6조(관리인의 보고의무)

① 법 제26조제1항에 따라 관리인이 보고해야 하는 사무는 다음 각 호와 같다. 〈개정 2021.2.2〉

1. 관리단의 사무 집행을 위한 분담금액과 비용의 산정방법, 징수ㆍ지출ㆍ적립내역에 관한 사항
2. 제1호 외에 관리단이 얻은 수입 및 그 사용 내역에 관한 사항
3. 관리위탁계약 등 관리단이 체결하는 계약의 당사자 선정과정 및 계약조건에 관한 사항
4. 규약 및 규약에 기초하여 만든 규정의 설정ㆍ변경ㆍ폐지에 관한 사항
5. 관리단 임직원의 변동에 관한 사항
6. 건물의 대지, 공용부분 및 부속시설의 보존ㆍ관리ㆍ변경에 관한 사항
7. 관리단을 대표한 재판상 행위에 관한 사항
8. 그 밖에 규약, 규약에 기초하여 만든 규정이나 관리단집회의 결의에서 정하는 사항

② 관리인은 규약에 달리 정한 바가 없으면 월 1회 구분소유자에게 관리단의 사무 집행을 위한 분담금액과 비용의 산정방법을 서면으로 보고하여야 한다.

③ 관리인은 법 제32조에 따른 정기 관리단집회에 출석하여 관리단이 수행한 사무의 주요 내용과 예산ㆍ결산 내역을 보고하여야 한다.

제6조의2(회계감사대상 건물의 범위)

① 법 제26조의2제1항 본문에서 "대통령령으로 정하는 건물"이란 다음 각 호의 어느 하나에 해당하는 건물을 말한다.

1. 직전 회계연도에 구분소유자로부터 징수한 관리비(전기료, 수도료 등 구분소유자 또는 점유자가 납부하는 사용료를 포함한다. 이하 이 조에서 같다)가 3억원 이상인 건물
2. 직전 회계연도 말 기준으로 적립되어 있는 수선적립금이 3억원 이상인 건물

② 법 제26조의2제3항 전단에서 "대통령령으로 정하는 건물"이란 다음 각 호의 어느 하나에 해당하는 건물을 말한다.
   1. 제1항 각 호의 어느 하나에 해당하는 건물
   2. 직전 회계연도를 포함하여 3년 이상 「주식회사 등의 외부감사에 관한 법률」 제2조제7호에 따른 감사인(이하 "감사인"이라 한다)의 회계감사를 받지 않은 건물로서 다음 각 목의 어느 하나에 해당하는 건물
      가. 직전 회계연도에 구분소유자로부터 징수한 관리비가 1억원 이상인 건물
      나. 직전 회계연도 말 기준으로 적립되어 있는 수선적립금이 1억원 이상인 건물

[본조신설 2021.2.2]

제6조의3(감사인의 선정방법 및 회계감사의 기준 등)

① 법 제26조의2제1항 본문에 따라 회계감사를 받아야 하는 관리인은 매 회계연도 종료 후 3개월 이내에 해당 회계연도의 회계감사를 실시할 감사인을 선임해야 한다. 이 경우 해당 건물에 법 제26조의3제1항에 따른 관리위원회(이하 "관리위원회"라 한다)가 구성되어 있는 경우에는 관리위원회의 결의를 거쳐 감사인을 선임해야 한다.

② 법 제26조의2제1항 또는 제3항에 따라 회계감사를 받아야 하는 관리인은 소관청 또는 「공인회계사법」 제41조에 따른 한국공인회계사회에 감사인의 추천을 의뢰할 수 있다. 이 경우 해당 건물에 관리위원회가 구성되어 있는 경우에는 관리위원회의 결의를 거쳐 감사인의 추천을 의뢰해야 한다.

③ 법 제26조의2제1항 또는 제3항에 따라 회계감사를 받아야 하는 관리인은 매 회계연도 종료 후 9개월 이내에 다음 각 호의 재무제표와 관리비 운영의 적정성에 대하여 회계감사를 받아야 한다.

1. 재무상태표
2. 운영성과표
3. 이익잉여금처분계산서 또는 결손금처리계산서
4. 주석(주석)

④ 제3항 각 호의 재무제표를 작성하는 회계처리기준은 법무부장
관이 정하여 고시한다.

⑤ 제3항에 따른 회계감사는 「주식회사 등의 외부감사에 관한 법
률」 제16조에 따른 회계감사기준에 따라 실시한다.

[본조신설 2021.2.2]

제6조의4(회계감사의 결과 보고)

① 법 제26조의2제1항 또는 제3항에 따른 회계감사를 받은 관리
인은 감사보고서 등 회계감사의 결과를 제출받은 날부터 1개
월 이내에 해당 결과를 구분소유자 및 그의 승낙을 받아 전유
부분을 점유하는 자에게 서면으로 보고해야 한다.

② 제1항의 보고는 구분소유자 또는 그의 승낙을 받아 전유부분을
점유하는 자가 관리인에게 따로 보고장소를 알린 경우에는 그
장소로 발송하고, 알리지 않은 경우에는 구분소유자가 소유하
는 전유부분이 있는 장소로 발송한다. 이 경우 제1항의 보고는
통상적으로 도달할 시기에 도달한 것으로 본다.

③ 제2항에도 불구하고 법 제26조의2제4항에 따른 관리인의 보고
의무는 건물 내의 적당한 장소에 회계감사의 결과를 게시하거
나 인터넷 홈페이지에 해당 결과를 공개함으로써 이행할 수 있
음을 규약으로 정할 수 있다. 이 경우 제1항의 보고는 게시한
때에 도달한 것으로 본다.

[본조신설 2021.2.2]

제7조(관리위원회의 구성)

① 관리위원회의 위원은 선거구별로 선출할 수 있다. 이 경우 선

거구 및 선거구별 관리위원회 위원의 수는 규약으로 정한다. 〈개정 2021.2.2〉

② 법 제26조의4제1항 단서에 따라 규약으로 관리위원회의 위원 선출에 대한 관리단집회의 결의에 관하여 달리 정하는 경우에는 구분소유자의 수 및 의결권의 비율을 합리적이고 공평하게 고려해야 한다. 〈개정 2021.2.2〉

③ 관리위원회에는 위원장 1명을 두며, 위원장은 관리위원회의 위원 중에서 선출하되 그 선출에 관하여는 법 제26조의4제1항을 준용한다. 〈개정 2021.2.2〉

④ 관리위원회의 위원은 규약에서 정한 사유가 있는 경우에 해임할 수 있다. 이 경우 관리위원회 위원의 해임 방법에 관하여는 제1항 및 법 제26조의4제1항을 준용하며, "선출"은 "해임"으로 본다. 〈개정 2021.2.2〉

제8조(관리위원회 위원의 결격사유)

다음 각 호의 어느 하나에 해당하는 사람은 관리위원회의 위원이 될 수 없다.

1. 미성년자, 피성년후견인
2. 파산선고를 받은 자로서 복권되지 아니한 사람
3. 금고 이상의 형을 선고받고 그 집행이 끝나거나 그 집행을 받지 아니하기로 확정된 후 5년이 지나지 아니한 사람(과실범은 제외한다)
4. 금고 이상의 형을 선고받고 그 집행유예 기간이 끝난 날부터 2년이 지나지 아니한 사람(과실범은 제외한다)
5. 집합건물의 관리와 관련하여 벌금 100만원 이상의 형을 선고받은 후 5년이 지나지 아니한 사람
6. 관리위탁계약 등 관리단의 사무와 관련하여 관리단과 계약을 체결한 자 또는 그 임직원
7. 관리단에 매달 납부하여야 할 분담금을 3개월 연속하여 체

납한 사람

제9조(관리위원회의 소집)

① 관리위원회의 위원장은 필요하다고 인정할 때에는 관리위원회를 소집할 수 있다.

② 관리위원회의 위원장은 다음 각 호의 어느 하나에 해당하는 경우에는 관리위원회를 소집하여야 한다.

　1. 관리위원회 위원 5분의 1 이상이 청구하는 경우

　2. 관리인이 청구하는 경우

　3. 그 밖에 규약에서 정하는 경우

③ 제2항의 청구가 있은 후 관리위원회의 위원장이 청구일부터 2주일 이내의 날을 회의일로 하는 소집통지 절차를 1주일 이내에 밟지 아니하면 소집을 청구한 사람이 관리위원회를 소집할 수 있다.

④ 관리위원회를 소집하려면 회의일 1주일 전에 회의의 일시, 장소, 목적사항을 구체적으로 밝혀 각 관리위원회 위원에게 통지하여야 한다. 다만, 이 기간은 규약으로 달리 정할 수 있다.

⑤ 관리위원회는 관리위원회의 위원 전원이 동의하면 제4항에 따른 소집절차를 거치지 아니하고 소집할 수 있다.

제10조(관리위원회의 의결방법)

① 관리위원회의 의사(의사)는 규약에 달리 정한 바가 없으면 관리위원회 재적위원 과반수의 찬성으로 의결한다.

② 관리위원회 위원은 질병, 해외체류 등 부득이한 사유가 있는 경우 외에는 서면이나 대리인을 통하여 의결권을 행사할 수 없다.

제11조(관리위원회의 운영)

① 규약에 달리 정한 바가 없으면 다음 각 호의 순서에 따른 사람이 관리위원회의 회의를 주재한다.

　1. 관리위원회의 위원장

2. 관리위원회의 위원장이 지정한 관리위원회 위원

3. 관리위원회의 위원 중 연장자

② 관리위원회 회의를 주재한 자는 관리위원회의 의사에 관하여 의사록을 작성·보관하여야 한다.

③ 이해관계인은 제2항에 따라 관리위원회의 의사록을 보관하는 자에게 관리위원회 의사록의 열람을 청구하거나 자기 비용으로 등본의 발급을 청구할 수 있다.

제12조(표준규약)

법 제28조제4항에 따라 특별시장·광역시장·특별자치시장·도지사 및 특별자치도지사(이하 "시·도지사"라 한다)가 마련해야 하는 표준규약에는 다음 각 호의 사항이 포함되어야 한다.

1. 구분소유자의 권리와 의무에 관한 사항

2. 규약의 설정·변경·폐지에 관한 사항

3. 구분소유자 공동의 이익과 관련된 전유부분의 사용에 관한 사항

4. 건물의 대지, 공용부분 및 부속시설의 사용 및 보존·관리·변경에 관한 사항

5. 관리위탁계약 등 관리단이 체결하는 계약에 관한 사항

6. 관리단집회의 운영에 관한 사항

7. 관리인의 선임 및 해임에 관한 사항

8. 관리위원회에 관한 사항

9. 관리단의 임직원에 관한 사항

10. 관리단의 사무 집행을 위한 분담금액과 비용의 산정방법, 징수·지출·적립내역에 관한 사항

11. 제10호 외에 관리단이 얻은 수입의 사용방법에 관한 사항

12. 회계처리기준 및 회계관리·회계감사에 관한 사항

13. 의무위반자에 대한 조치에 관한 사항

14. 그 밖에 집합건물의 관리에 필요한 사항

제13조(전자적 방법에 의한 의결권 행사)연혁

① 법 제38조제2항에서 "대통령령으로 정하는 방법"이란 다음 각 호의 방법을 말한다. 〈개정 2020.12.8〉

    1. 「전자서명법」 제2조제2호에 따른 전자서명 또는 인증서로서 서명자의 실지명의를 확인할 수 있는 전자서명 또는 인증서를 통하여 본인 확인을 거쳐 의결권을 행사하는 방법

    2. 규약에서 「전자서명법」 제2조제1호에 따른 전자문서를 제출하는 방법 등 본인 확인절차를 완화한 방법으로 의결권을 행사할 수 있도록 제1호와 달리 정하고 있는 경우에는 그에 따른 방법

② 법 제38조제1항에 따른 전자적 방법(이하 "전자투표"라 한다)으로 의결권을 행사할 수 있도록 하는 경우에는 관리단집회의 소집통지에 다음 각 호의 사항을 구체적으로 밝혀야 한다.

    1. 전자투표를 할 인터넷 주소

    2. 전자투표를 할 기간

    3. 그 밖에 전자투표에 필요한 기술적인 사항

③ 전자투표는 규약 또는 관리단집회의 결의로 달리 정한 바가 없으면 관리단집회일 전날까지 하여야 한다.

④ 관리단은 전자투표를 관리하는 기관을 지정하여 본인 확인 등 의결권 행사 절차의 운영을 위탁할 수 있다.

제14조(서면에 의한 의결권 행사)

① 관리단집회의 소집통지를 할 때에는 서면에 의하여 의결권을 행사하는데 필요한 자료를 첨부하여야 한다.

② 서면에 의한 의결권 행사는 규약 또는 관리단집회의 결의로 달리 정한 바가 없으면 관리단집회의 결의 전까지 할 수 있다.

제15조(대리인에 의한 의결권 행사)

① 대리인은 의결권을 행사하기 전에 의장에게 대리권을 증명하는

서면을 제출하여야 한다.

② 대리인 1인이 수인의 구분소유자를 대리하는 경우에는 구분소유자의 과반수 또는 의결권의 과반수 이상을 대리할 수 없다.

제16조(집합건물분쟁조정위원회의 심의 · 조정사항)

법 제52조의2제2항제7호에서 "대통령령으로 정한 분쟁"이란 다음 각 호의 분쟁을 말한다.

1. 건물의 대지와 부속시설의 보존 · 관리 또는 변경에 관한 분쟁
2. 규약에서 정한 전유부분의 사용방법에 관한 분쟁
3. 관리비 외에 관리단이 얻은 수입의 징수 · 관리 및 사용에 관한 분쟁
4. 관리위탁계약 등 관리단이 체결한 계약에 관한 분쟁
5. 그 밖에 법 제52조의2제1항에 따른 집합건물분쟁조정위원회(이하 "조정위원회"라 한다)가 분쟁의 조정이 필요하다고 인정하는 분쟁

제17조(조정위원회의 구성)

① 조정위원회의 부위원장은 해당 시 · 도지사가 조정위원회의 위원장(이하 "위원장"이라 한다)의 추천을 받아 위원 중에서 임명하거나 위촉한다.

② 조정위원회 위원의 임기는 2년으로 한다.

③ 제1항 및 제2항에서 규정한 사항 외에 조정위원회의 구성에 필요한 사항은 조정위원회의 의결을 거쳐 위원장이 정한다.

제18조(조정위원회의 운영)

① 위원장은 회의를 소집하고 주재한다.

② 위원장이 부득이한 사유로 직무를 수행할 수 없는 경우에는 부위원장이 직무를 대행하고, 조정위원회의 부위원장도 직무를 대행할 수 없는 경우에는 위원 중 연장자가 직무를 대행한다.

③ 위원장이 회의를 소집하려면 회의 개최 3일 전까지 회의의 일시·장소 및 안건을 각 위원에게 알려야 한다.

④ 위원 전원이 동의하면 제3항의 소집절차를 거치지 아니하고 조정위원회를 소집할 수 있다.

⑤ 법 제52조의10에 따른 비용을 제외한 조정 비용에 관하여 필요한 사항은 특별시·광역시·특별자치시·도 및 특별자치도의 조례로 정한다. 〈개정 2021.2.2〉

⑥ 제1항부터 제5항까지에서 규정한 사항 외에 조정위원회의 운영에 필요한 사항은 조정위원회의 의결을 거쳐 위원장이 정한다.

제19조(소위원회의 운영 등)

① 법 제52조의3제4항에 따른 소위원회(이하 "소위원회"라 한다)는 조정위원회의 의결로 위임한 분쟁을 심의·조정한다.

② 소위원회에 위원장 1명을 두며, 위원장은 해당 시·도지사가 위원장의 추천을 받아 소위원회 위원 중에서 임명하거나 위촉한다.

③ 제1항 및 제2항에서 규정한 사항 외에 소위원회의 구성 및 운영에 필요한 사항은 조정위원회의 의결을 거쳐 위원장이 정한다.

제20조(조정절차)

① 조정위원회는 조정을 효율적으로 하기 위하여 필요하다고 인정하면 사건들을 분리하거나 병합할 수 있다.

② 조정위원회는 제1항에 따라 사건들을 분리하거나 병합한 경우에는 당사자에게 지체 없이 서면으로 통보하여야 한다.

③ 조정위원회는 조정을 위하여 필요하다고 인정하면 당사자에게 증거서류 등 관련 자료의 제출을 요청하거나 당사자 또는 참고인에게 출석을 요청할 수 있다.

④ 제1항부터 제3항까지에서 규정한 사항 외에 조정절차에 필요한 사항은 조정위원회의 의결을 거쳐 위원장이 정한다.

제21조(하자의 진단 및 감정 기관)

법 제52조의10제1항에서 "대통령령으로 정하는 안전진단기관, 하자감정전문기관 등"이란 다음 각 호의 기관을 말한다. 다만, 하자감정전문기관은 제1호부터 제4호까지의 기관만 해당한다. 〈개정 2018.1.16, 2020.12.1, 2021.2.2〉

1. 「고등교육법」 제2조제1호 및 제2호에 따른 대학 및 산업대학의 주택 관련 부설 연구기관(상설기관에 한정한다)
2. 「과학기술분야 정부출연연구기관 등의 설립·운영 및 육성에 관한 법률」 별표 제9호에 따른 한국건설기술연구원
3. 국립 또는 공립의 주택 관련 시험·검사기관
4. 「국토안전관리원법」에 따른 국토안전관리원
5. 「건축사법」 제23조제1항에 따라 신고한 건축사
6. 「기술사법」 제6조제1항에 따라 등록한 기술사
7. 「시설물의 안전 및 유지관리에 관한 특별법」 제28조에 따라 등록한 건축 분야 안전진단전문기관
8. 「엔지니어링산업 진흥법」 제21조에 따라 신고한 해당 분야의 엔지니어링사업자

제22조(하자진단 등의 비용 부담)

법 제52조의10제1항 및 제2항에 따른 비용은 당사자 간의 합의로 정하는 비율에 따라 당사자가 미리 내야 한다. 다만, 당사자 간에 비용 부담에 대하여 합의가 되지 아니하면 조정위원회에서 부담 비율을 정한다. 〈개정 2021.2.2〉

제23조(과태료의 부과)

법 제66조제1항부터 제3항까지의 규정에 따른 과태료의 부과기준은 별표와 같다.

[본조신설 2021.2.2]

부칙

〈제24605호, 2013.6.17〉

제1조(시행일) 이 영은 2013년 6월 19일부터 시행한다.

제2조(관리단 사무 집행을 위한 분담금액과 비용의 산정방법 보고에 관한 적용례) 제6조제2항의 개정규정에 따른 관리단의 사무 집행을 위한 분담금액과 비용의 산정방법에 대한 관리인의 보고는 이 영 시행일이 속하는 달의 관리단 사무 집행을 위한 분담금액과 비용의 산정분부터 적용한다.

제3조(금치산자에 관한 경과조치) ① 제8조제1호의 개정규정 중 "피성년후견인"은 2013년 6월 30일까지는 "금치산자"로 본다.

② 제8조제1호의 개정규정에도 불구하고 같은 규정에 따른 피성년후견인에는 법률 제10429호 민법 일부개정법률 부칙 제2조에 따라 금치산 선고의 효력이 유지되는 사람을 포함하는 것으로 본다.

부칙(시설물의 안전 및 유지관리에 관한 특별법 시행령) 〈제28586호, 2018.1.16〉

제1조(시행일) 이 영은 2018년 1월 18일부터 시행한다. 〈단서 생략〉

제2조부터 제6조까지 생략

제7조(다른 법령의 개정) ①부터 〈20〉까지 생략

〈21〉 집합건물의 소유 및 관리에 관한 법률 시행령 일부를 다음과 같이 개정한다.

제21조제4호 중 "「시설물의 안전관리에 관한 특별법」 제25조"를 "「시설물의 안전 및 유지관리에 관한 특별법」 제45조"로 하고, 같은 조 제7호 중 "「시설물의 안전관리에 관한 특별법」 제9조"를 "「시설물의 안전 및 유지관리에 관한 특별법」 제28조"로 한다.

〈22〉부터 〈24〉까지 생략

제8조 생략

부칙(국토안전관리원법 시행령) 〈제31211호, 2020.12.1〉

제1조(시행일) 이 영은 2020년 12월 10일부터 시행한다.

제2조(다른 법령의 개정) ①부터 ⑭까지 생략

⑮ 집합건물의 소유 및 관리에 관한 법률 시행령 일부를 다음과 같이 개정한다.

제21조제4호를 다음과 같이 한다.

4. 「국토안전관리원법」에 따른 국토안전관리원

〈16〉 및 〈17〉 생략

부칙(전자서명법 시행령) 〈제31222호, 2020.12.8〉

제1조(시행일) 이 영은 2020년 12월 10일부터 시행한다.

제2조(다른 법령의 개정) ①부터 〈32〉까지 생략

〈33〉 집합건물의 소유 및 관리에 관한 법률 시행령 일부를 다음과 같이 개정한다.

제13조제1항제1호 중 "「전자서명법」제2조제3호에 따른 공인전자서명 또는 같은 조 제8호에 따른 공인인증서"를 "「전자서명법」 제2조제2호에 따른 전자서명 또는 인증서로서 서명자의 실지명의를 확인할 수 있는 전자서명 또는 인증서"로 한다.

〈34〉부터 〈37〉까지 생략

제3조 생략

〈제31423호,2021.2.2〉

이 영은 2021년 2월 5일부터 시행한다.

I·SEOUL·U

너와 나의 서울

상가 집합건물
표준관리규약

2021. 4.

서 울 특 별 시

서울특별시 상가 집합건물 표준관리규약

『상가 집합건물 표준관리규약의 적용지침』

1. [적용 범위] 이 규약은 서울특별시 행정구역에 소재하는 상가 집합건물에 대하여 적용함.

2. [표준규약의 적용] 이 규약은 「집합건물의 소유 및 관리에 관한 법률」 제 28조제4항 및 같은 법 시행령 제12조에 따라 규약을 설정·변경·폐지를 할 때에 준거가 되는 것임.

3. [규약의 설정·변경·폐지] 규약의 설정·변경·폐지는 관리단집회에서 구분소 유자의 4분의 3 이상 및 의결권의 4분의 3 이상의 찬성을 얻어서 함. 이 경우 규약의 설정·변경·폐지가 일부 구분소유자의 권리에 특별한 영향 을 미칠 때에는 그 구분소유자의 승낙을 받아야 함.

4. [유의사항] 해당 규약을 「집합건물의 소유 및 관리에 관한 법률」및 같은 법 시행령, 관계법령에 위반하여 정한 경우에는 그 위반된 부분은 효력이 없는 것임.

5. [규약의 보관·열람] 규약은 관리인 또는 구분소유자나 그 대리인으로서 건 물을 사용하고 있는 자 중 1인이 보관하여야 함. 이해관계인은 규약을 보관하는 자에게 규약의 열람을 청구하거나 자기 비용으로 등본의 발급을 청구할 수 있음.

서울특별시 상가 집합건물 표준관리규약

제정 2013. 8. 6.
개정 2021. 4.

제1장 총칙

제1조(목적)

상가 집합건물 표준관리규약(이하, "규약"이라 함)은 집합건물의 소유 및 관리에 관한 법률(이하, "법"이라 함)의 적용을 받는 서울특별시 ○○구 ○○로○○길 ○○(○○동 ○○번지) 소재 ○○○상가 집합건물과 대지 및 부속시설의 관리 또는 사용에 필요한 사항을 규정함을 목적으로 한다.

제2조(정의)

규약에서 사용하는 용어의 정의는 다음 각 호와 같다.

1. "구분소유권"이란 법 제2조제1호의 구분소유권을 말한다.
2. "구분소유자"란 법 제2조제2호의 구분소유자를 말한다.
3. "점유자"란 구분소유자의 승낙을 받아 전유부분을 점유하는 자를 말한다.
4. "구분소유자 등"이란 제2호의 구분소유자 및 제3호의 점유자를 말한다.
5. "전유부분"이란 법 제2조제3호의 전유부분을 말한다.
6. "공용부분"이란 법 제2조제4호의 공용부분을 말한다.
7. "공용부분 등"이란 제6호의 공용부분 및 부속시설을 말한다.
8. "일부공용부분"이란 법 제10조제1항 단서에 따라 일부의 구분소유자만이 공용하도록 제공된 것임이 명백한 공용부분을 말한다.
9. "대지"란 법 제2조제5호의 건물의 대지를 말한다.
10. "전용사용권"이란 대지 및 공용부분 등의 일부를 특정 구

분소유자가 배타적으로 사용할 수 있는 권리를 말한다.

11. "전용사용부분"이란 전용사용권의 대상이 되는 대지 및 공용부분 등의 일부를 말한다.

12. "관리단"은 법 제23조제1항에 따라 설립된 관리단을 말한다.

13. "관리인"은 법 제24조에 따라 선임된 관리인을 말한다.

14. "관리위원회"는 법 제26조의3에 따라 설치된 관리위원회를 말한다.

15. "관리위원"은 법 제26조의4제1항에 따라 선출된 관리위원회의 위원을 말한다.

16. 그 밖에 용어의 정의는 법에서 사용하는 용어의 정의와 같다.

제3조(적용범위)

이 규약은 별표 1에 기재된 대지, 건물 및 부속시설(이하, "관리대상물"이라 함)의 관리 및 사용에 관하여 적용한다.

제4조(규약 등의 효력)

① 규약과 관리단집회의 결의는 구분소유자의 지위를 승계한 자에 대하여도 효력이 있다.

② 점유자는 구분소유자가 관리대상물의 사용과 관련하여 규약과 관리단집회의 결의에 따라 부담하는 의무와 동일한 의무를 진다.

제5조(규약의 설정·변경·폐지)

① 규약의 설정·변경 및 폐지는 관리단집회에서 구분소유자의 4분의 3 이상 및 의결권의 4분의 3 이상의 찬성을 얻어야 한다.

② 규약의 설정·변경 및 폐지를 위한 안건은 구분소유자의 5분의 1 이상(※ 5분의 1 정수는 법 제33조제2항에 따라 감경할 수 있음) 또는 관리위원회가 설치된 경우 관리위원회의 결의로 관리단집회에 발의할 수 있다.

제6조(대지와 공용부분 등의 귀속)

① 관리대상물 중 대지와 부속시설, 공용부분은 전체 구분소유자의 공유로 한다.

② 일부공용부분은 이를 공용하는 구분소유자들의 공유로 한다.

③ 구분소유자들의 공유지분은 별표 2와 같다.

제7조(협정 준수 및 업무방해 금지)

① 구분소유자 등은 관리단이 지방자치단체 또는 다른 주민과 체결한 협정을 성실히 준수하여야 한다.

② 구분소유자 등은 관리단, 관리위원회가 설치된 경우 관리위원회, 선거관리위원회가 설치된 경우 선거관리위원회, 관리인의 업무를 방해하여서는 아니 된다.

③ 관리단, 관리위원회가 설치된 경우 관리위원회, 선거관리위원회가 설치된 경우 선거관리위원회, 관리인은 상호 간에 업무를 부당하게 간섭하거나 그 업무를 방해하여서는 아니 되고, 구분소유자 등의 권리를 부당하게 침해하거나 방해하여서는 아니 된다.

제8조(규약의 보충)

관리단은 관리단집회의 결의로 관리단집회의 운영, 관리위원회가 설치된 경우 관리위원회의 운영, 회계·층간소음·간접흡연 관리 등에 관한 세칙 등을 정할 수 있다.

제9조(법령에 의한 규약의 변경)

관계 법령이 개정되어 규약을 변경하여야 하는 경우, 관리단집회에서 규약을 변경하지 않더라도 규약의 내용이 관계 법령의 내용과 같이 변경된 것으로 본다.

제2장 집합건물의 사용·수익

제10조(전유부분의 사용)

구분소유자 등은 전유부분을 상업용으로 사용하여야 하며, 다른 용도로 사용하여서는 아니 된다.

제10조의2(전유부분의 업종)

① 관리단은 규약으로 전유부분의 업종을 지정할 수 있다.

② 규약으로 정한 전유부분의 업종을 변경하려는 경우, 구분소유자는 관리인의 승인을 받아 관리단집회의 결의로 규약을 변경하여야 한다.

③ 관리위원회가 설치된 경우, 관리인은 제2항의 승인신청을 승인 또는 거부할 때 관리위원회의 결의를 거쳐야 한다.

④ 전유부분의 업종 지정 또는 변경이 다른 구분소유자의 영업에 특별한 영향을 미치는 경우에는 그 구분소유자의 동의를 받아야 한다.

제11조(전유부분의 내부공사)

① 전유부분을 수선하려는 경우, 구분소유자 등은 관리인에게 서면으로 통지하여야 한다.

② 제1항의 공사를 위하여 공용부분의 변경 공사가 수반되는 때에는 법 제15조, 제15조의2 및 제16조에 따라 관리단집회의 결의를 거쳐야 한다.

③ 제1항의 통지를 하거나 제2항의 결의를 받고자 할 경우, 구분소유자 등은 관리인 또는 관리단집회에 설계도, 시방서 또는 공사일정표 등 공사내역을 제출하여야 한다.

④ 제1항 및 제2항의 공사를 하는 경우, 구분소유자 등은 다른 구분소유자 등에게 입히는 피해를 최소화할 수 있는 방법을 선택하여야 한다.

⑤ 제1항에 따라 통지받거나 제2항에 따라 결의한 내용대로 공사가 진행되고 있는지 여부를 확인하기 위하여 필요한 경우, 관리인(관리인의 위임을 받은 자를 포함)은 전유부분을 출입할 수 있다. 이 경우 구분소유자 등은 정당한 이유가 없는 한 출입을 거부할 수 없고, 정당한 이유 없이 출입을 거부한 경우 그로 인한 손해를 배상하여야 한다.

제12조(전유부분의 임대)

구분소유자는 타인에게 전유부분을 임대하는 경우, 관리대상물의 사용에 관한 규약과 세칙을 준수한다는 내용의 임차인 의무규정을 임대차계약의 내용으로 포함하여야 하며, 임차인으로 하여금 관리단에 관리대상물의 사용에 관한 규약과 세칙을 준수하겠다는 별표 3 양식의 서약서를 제출하도록 하여야 한다.

제13조(대지와 공용부분 등의 사용)

구분소유자 등은 대지와 공용부분 등을 그 용도에 따라 사용하여야 하며, 다른 구분소유자 등의 사용을 방해하여서는 안 된다.

제14조(전용사용권)

① 구분소유자는 별표 4에 규정된 바와 같이 발코니, 베란다, 현관문, 창틀, 창문, 상가용 건물 앞 대지와 옥상 등 전용사용부분에 대하여 전용사용권을 가진다.

② 상가용 건물 앞 대지와 옥상에 대해 전용사용권을 가지고 있는 자는 사용세칙이 정하는 바에 따라 관리단에 사용료를 납부하여야 한다.

③ 점유자는 구분소유자의 전용사용부분을 전용사용할 수 있다.

제15조(주차장의 사용)

① 구분소유자 등은 분양계약과 규약에서 달리 정하지 않는 한 영업활동 등에 필요한 범위 내에서 주차장을 사용할 수 있다.

② 제1항의 규정에도 불구하고 관리단은 특정 구분소유자 등과 주차장 사용에 관하여 별도의 계약을 체결할 수 있고, 계약에 따라 주차장을 사용하는 구분소유자 등은 관리단에 사용료를 납부하여야 한다. 다만, 관리위원회가 설치된 경우에는 관리위원회의 결의를 거쳐야 한다.

③ 구분소유자 등이 전유부분을 양도 또는 임대한 경우, 특별한 약정이 없는 한 종전의 주차장 사용에 관한 계약은 효력을 상실한다.

④ 관리단은 주차장 사용의 정도를 고려하여 구분소유자 등의 주차장 사용료를 달리 정할 수 있다.

⑤ 구분소유자 등이 아닌 자가 주차장을 사용하는 경우, 관리단은 주차장 사용료를 징수할 수 있다.

제16조(대지와 공용부분 등의 임대)

① 관리단은 구분소유자 등의 사용을 방해하지 않는 범위 내에서 특정 구분소유자 등이나 제3자에게 대지와 공용부분 등을 임대할 수 있다. 다만, 관리위원회가 설치된 경우에는 관리위원회의 결의를 거쳐야 한다.

② 대지와 공용부분 등의 임차인은 규약에 따른 사용방법을 준수하여야 한다.

제17조(사용세칙) 관리단은 관리단집회의 결의로 공용부분, 주차장 등 관리대상물의 사용에 관한 세칙 등을 정할 수 있다.

제3장 집합건물의 관리

제18조(구분소유자 등의 책임)

구분소유자 등은 항상 적정하게 관리대상물을 관리하여 그 가치와 기능이 유지, 증진될 수 있도록 노력하고 관리단의 시정권고 시 이에 협조해야 한다.

제19조(대지와 공용부분 등의 관리)

① 대지와 공용부분 등의 관리는 관리단의 책임과 부담으로 한다. 다만, 전용사용부분의 통상적인 사용에 따른 관리는 전용사용권을 가지는 구분소유자의 책임과 부담으로 한다.

② 전유부분에 속하는 시설 중 대지 또는 공용부분 등과 부합되어 훼손하지 않고 분리할 수 없거나 분리에 과다한 비용을 요하여 대지 또는 공용부분 등과 일체로 관리할 필요가 있는 시설은 관리단이 관리할 수 있다.

제20조(전유부분에 부속된 공용부분의 개량)

현관문, 창틀, 창문 등 전유부분에 부속된 공용부분의 성능(방재, 방범, 위생, 방음, 단열 등) 향상을 위한 개량공사는 관리단의 책임과 부담으로 공사계획을 수립하여 수행하여야 한다.

제21조(전유부분의 출입)

① 제19조제2항의 시설관리를 위하여 필요한 경우 또는 제20조의 개량공사를 위하여 필요한 경우, 관리인(관리인의 위임을 받은 자를 포함)은 전유부분을 출입할 수 있다.

② 제1항의 경우 구분소유자 등은 정당한 이유가 없는 한 출입을 거부할 수 없고, 정당한 이유 없이 출입을 거부한 경우 그로 인하여 발생한 손해를 배상하여야 한다.

③ 제1항에 따른 출입을 마친 경우, 관리인(관리인의 위임을 받은 자를 포함)은 지체 없이 전유부분을 원상으로 복구하여야 한다.

제22조(보험계약의 체결)

① 관리단은 법령에서 의무적으로 가입하도록 한 보험 및 그 밖에 관리대상물에서 발생하는 안전사고에 대비하여 구분소유자 등의 피해보상을 위한 보험에 가입하여야 한다.

② 관리인은 제1항에 따른 보험계약의 체결 및 보험금의 청구·수령에 대하여 각 구분소유자 등을 대리한다.

③ 관리단은 위험시설을 설치하고자 하는 구분소유자 등에게 개별 보험가입을 요구할 수 있고, 정당한 이유 없이 개별 보험가입을 거부한 구분소유자 등에게 위험시설의 설치 중단 및 제거를 청구할 수 있다.

④ 관리단은 위험시설을 설치한 구분소유자 등에게 위험시설을 설치함으로써 증가된 보험료를 구상할 수 있다.

제4장 관리단

제23조(관리단의 구성)

① 구분소유자들은 상가 집합건물의 관리 및 사용에 관한 공동의 이익을 위하여 구분소유자 전원을 구성원으로 한 관리단을 구성한다.

② 구분소유자의 지위는 전유부분의 소유권이전등기를 하였을 때 취득한다. 다만, 전유부분을 최초로 분양받는 자는 소유권이전등기를 하기 전이라도 분양대금을 완납하고 전유부분을 인도받은 경우에는 구분소유자의 지위를 취득한 것으로 본다.

제24조(신고의무)

① 구분소유자의 지위를 취득하거나 상실한 자는 별표 5 양식의 신고서를 작성하여 관리단에 제출하여야 한다.

② 점유자의 지위를 취득하거나 상실한 자는 별표 5-1 양식의 신고서를 작성하여 관리단에 제출하여야 한다. 다만, 점유자의 지위를 상실한 자가 신고서를 작성하여 제출하지 않는 경우 구분소유자가 이를 작성하여 제출한다.

③ 구분소유자 등은 관리단 운영의 필요한 사항을 수행하기 위한 「개인정보 보호법」에 따른 자신의 개인정보를 관리단이 수집·이용 및 제3자에게 제공하는 것에 대하여 별표 6 양식의 동의서를 작성하여 관리단에 제출하여야 한다.

제25조(일부관리단)

① 일부공용부분을 공용하는 구분소유자는 법 제28조제2항에 따라 별도의 규약을 가진 관리단(이하, "일부관리단"이라 함)을 구성할 수 있다.

② 제1항의 일부관리단은 관리단에 일부관리단의 규약과 관리인, 구성원인 구분소유자를 신고하여야 한다.

제26조(관리단과 일부관리단의 관계)

일부관리단은 관리단의 규약과 관리단집회의 결의에 반하지 않는 범위 내에서 일부공용부분을 관리할 수 있다.

제27조(관리단의 사무소)

① 관리단의 사무소는 관리대상물 내에 둔다. 다만, 관리단집회의 결의로 다른 곳에 둘 수 있다.

② 관리단의 사무소가 두 개 이상인 경우 주된 사무소의 소재지를

관리단의 주소로 본다.

③ 관리인은 구분소유자 등이 쉽게 식별할 수 있는 건물 내의 적당한 장소에 관리단의 사무소 소재지를 게시하여야 한다. 관리단의 인터넷 홈페이지가 있는 경우 인터넷 홈페이지에도 이를 게시하여야 한다.

제28조(관리단의 권한)

① 관리단은 다음 각 호의 사무를 수행한다.

1. 제5조에 따른 규약의 설정·변경·폐지
2. 제8조, 제17조, 제85조에 따른 세칙, 사용세칙, 회계세칙의 설정·변경·폐지
3. 제14조제2항에 따른 전용사용부분 사용료의 징수
4. 제15조제2항, 제4항, 제5항에 따른 주차장 사용계약의 체결 및 주차장 관리비·사용료의 징수
5. 제16조에 따른 대지와 공용부분 등의 임대
6. 제19조에 따른 대지와 공용부분 등의 관리
7. 제20조에 따른 전유부분에 부속된 공용부분의 개량공사
8. 제22조에 따른 보험계약의 체결
9. 제24조에 따른 구분소유자 등의 신고 접수
10. 제25조제2항에 따른 일부관리단의 신고 접수
11. 제29조제2항에 따른 공용부분 등의 보존행위에 관한 필요한 조치
12. 제31조에 따른 공동의 이익에 어긋나는 행위에 대한 시정 권고 및 필요한 조치
13. 제32조에 따른 자료의 보관 및 열람, 등본 발급
14. 제34조에 따른 직원의 고용 및 제35조에 따른 직무교육지원
15. 제36조, 제37조에 따른 관리단 사무의 위탁 및 관리위탁 계약의 체결
16. 제51조에 따른 관리인의 선임 또는 해임

17. 제76조제2항, 제77조제1항, 제78조제1항에 따른 관리비, 수선적립금을 적립하는 경우 수선적립금, 사용료의 징수·지출·적립

18. 제77조제1항에 따른 수선계획 수립

19. 제82조에 따른 예산안과 결산결과보고서의 검토

20. 그 밖에 상가 집합건물의 관리를 위하여 필요한 사항

② 관리단은 법 제23조의2에 따라 선량한 관리자의 주의로 제1항의 사무를 수행하여야 한다.

제29조(공용부분 등의 보존행위)

① 구분소유자 등은 공용부분 등의 보존행위를 하는 경우 관리인에게 미리 보존행위의 내용과 방법을 통지하여야 한다. 다만, 긴급을 요하는 때에는 보존행위를 한 후 지체 없이 이를 관리인에게 알려야 한다.

② 관리단은 구분소유자 등으로부터 제1항의 통지를 받은 후 직접 보존행위를 하는 등 필요한 조치를 할 수 있다.

제30조(공용부분 등의 변경)

① 법 제15조, 제15조의2, 제19조에 따라 공용부분 등을 변경하는 경우, 관리인은 미리 공용부분 등의 변경을 위한 계획서를 작성하여야 하고, 관리위원회가 설치된 경우에는 관리위원회의 승인을 받아야 한다.

② 제1항의 계획서에는 공사·용역예정액, 구분소유자들의 비용부담, 공사·용역업체 선정방법, 공사·용역기간, 공사·용역절차 등이 포함되어야 한다.

③ 관리단은 구분소유자에게 적정한 방법으로 제1항의 계획서를 미리 공지하여야 한다.

④ 관리단은 제1항의 계획서에 따라 2천만원 이상의 공사 또는 1천만원 이상의 용역을 발주하는 경우 공개경쟁 입찰의 절차 및 방식에 따라 공사 또는 용역 계약을 체결하여야 한다.

제31조(관리단의 시정권고 등)

구분소유자 등이 건물의 보존에 해로운 행위나 그 밖에 건물의 관리 및 사용에 관하여 구분소유자 등의 공동의 이익에 어긋나는 행위를 할 경우, 관리단은 구분소유자 등에게 시정을 권고하고 필요한 조치를 할 수 있다.

제32조(자료의 보관 및 열람 등)

① 관리단이 보관해야 하는 자료는 다음 각 호와 같다.
1. 규약과 각종 세칙
2. 관리단집회의 의사록(제50조제4항의 녹화물 또는 녹음물을 포함한다)
3. 제75조의 관리비, 수선적립금을 적립하는 경우 수선적립금, 사용료, 잡수입의 징수, 지출, 적립 현황과 관련된 회계서류
4. 관리위탁계약 등 관리단이 체결한 제 계약의 계약서
5. 제30조에 따른 공용부분 등의 변경을 위한 계획서
6. 구분소유자명부
7. 감사보고서
8. 그 밖에 관리단의 사무에 필요한 자료

② 구분소유자 등은 서면으로 제1항 각 호 자료의 열람을 청구하거나 자기 비용으로 등본의 발급을 청구할 수 있다.

③ 이해관계인은 서면으로 규약, 각종 세칙 또는 관리단집회 의사록 등의 열람을 청구하거나 자기 비용으로 등본의 발급을 청구할 수 있다.

제33조(기관 및 임원)

관리단은 관리단집회와 관리인 이외에 다음 각 호의 기관이나 임원을 둘 수 있다.
1. 관리위원회
2. 선거관리위원회
3. 부관리인 등 관리단 임원

4. 감사

제34조(직원 및 시설 등)

① 관리단은 관계 법령에 따라 자격을 가진 인력을 직원으로 고용할 수 있고, 필요한 시설과 장비를 갖추어야 한다.

② 관리인과 관리위원, 관리단 임원, 감사 본인이나 그 배우자, 직계존비속은 관리단의 직원으로 고용할 수 없다.

③ 관리단은 필요한 경우 외부 전문인력의 상담이나 조언, 지도, 그 밖에 지원을 받을 수 있다.

제35조(직무교육 등)

관리단은 관리인, 관리위원, 관리단 임원, 감사 및 관리단 직원이 법령에서 정한 교육이나 전문기관이 실시하는 직무교육을 받을 수 있도록 지원할 수 있다.

제36조(사무의 위탁)

관리단은 관리단집회의 결의에 따라 제3자에게 관리단의 사무를 위탁할 수 있다. 다만, 관리위원회가 설치된 경우에는 관리위원회의 결의를 거쳐 관리단집회에서 결의하여야 한다.

제37조(관리위탁계약의 체결)

① 제36조에 따라 관리단 사무를 위탁하기로 한 경우, 관리단은 위탁관리회사 등과 관리위탁계약을 체결하여야 한다.

② 제1항에 의한 위탁관리회사 등과 관리위탁계약을 체결하는 경우 공개경쟁 입찰의 절차 및 방식에 따라 관리위탁계약을 체결하여야 한다.

제5장 관리단집회

제38조(관리단집회의 권한)

관리단의 사무는 법 또는 규약으로 관리인이나 관리위원회가 설치된 경우 관리위원회에 위임한 사항 외에는 관리단집회의 결의에 따라 수행한다.

제39조(소집권자 등)

① 관리인은 매년 회계연도 종료 후 3개월 이내에 정기 관리단집회를 소집하여야 한다.

② 관리인은 필요하다고 인정할 때에는 임시 관리단집회를 소집할 수 있다. 다만, 관리위원회가 설치된 경우에는 관리위원회의 결의를 거쳐야 한다.

③ 다음 각 호의 청구가 있은 후 1주일 내에 관리인은 청구일부터 2주일 이내의 날을 관리단집회일로 하는 소집통지 절차를 밟아야 한다.

   1. 구분소유자의 5분의 1 이상(※ 5분의 1 정수는 법 제33조 제2항에 따라 감경할 수 있음)이 회의의 목적사항을 구체적으로 밝혀 관리단집회의 소집을 청구하는 경우

   2. 관리위원회가 설치된 경우 관리위원 과반수가 회의의 목적사항을 구체적으로 밝혀 관리단집회의 소집을 청구하는 경우

④ 제3항에도 불구하고 1주일 내에 관리인이 관리단집회의 소집통지 절차를 밟지 아니하면 소집을 청구한 구분소유자는 법원의 허가를 받아 관리단집회를 소집할 수 있다.

⑤ 제3항과 제4항에 따라 관리단집회를 개최하는 경우, 관리위원회가 설치된 경우 관리위원회는 관리단집회의 목적사항에 관하여 미리 검토하고 관리단집회에서 그 결과를 보고할 수 있다.

제40조(소집절차)

① 관리인은 관리단집회를 소집하려면 관리단집회일 1주일(※ 1주일은 법 제34조제1항 단서에 따라 달리 정할 수 있음) 전에 각 구분소유자에게 다음 각 호의 사항이 포함된 통지서를 발송하고, 구분소유자들이 쉽게 식별할 수 있는 건물 내의 적당한 장소에 이를 게시하여야 한다. 관리단의 인터넷 홈페이지가 있는 경우 인터넷 홈페이지에도 이를 게시하여야 한다.

   1. 회의 일시, 장소 및 목적사항

2. 회의의 목적사항이 공용부분의 변경(법 제15조제1항), 규약의 설정·변경·폐지(법 제29조제1항), 건물의 재건축(법 제47조제1항), 건물의 복구(법 제50조제4항)인 경우

  가. 의결이 필요한 이유

  나. 공사계획, 각 구분소유자의 비용부담내역 및 재원조달계획(공용부분의 변경, 건물의 재건축, 건물의 복구 시)

  다. 규약안(규약의 설정·변경·폐지 시)

3. 서면으로 의결권을 행사할 경우, 서면의 제출 장소, 제출 기간, 서면의 양식 등 서면 의결권 행사에 필요한 자료

4. 전자적 방식으로 의결권을 행사할 경우 전자투표를 할 인터넷 주소, 전자투표를 할 기간, 그 밖에 구분소유자의 전자투표에 필요한 기술적인 사항

5. 의결권을 대리행사하는 경우 대리권을 증명하는 서면의 제출 방법, 그 밖에 대리행사에 필요한 사항

6. 회의결과의 공고방법

② 제1항의 통지서는 구분소유자의 전유부분으로 발송한다. 다만, 구분소유자가 관리단에 제24조제1항에 따라 다른 주소지를 신고한 경우에는 신고한 주소지로 발송한다.

③ 공용부분의 관리(법 제16조제2항), 관리인의 선임 또는 해임(법 제24조제4항), 회계감사(법 제26조의2제2항), 관리위원회를 설치한 경우 관리위원의 선임 또는 해임(법 제26조의4제5항)과 관련하여 점유자가 의결권을 행사할 수 있는 경우, 관리인은 점유자에게도 제1항의 통지서를 발송하여야 한다.

④ 관리단집회는 구분소유자 전원이 동의하면 소집절차를 거치지 아니하고 소집할 수 있다.

⑤ 관리단집회는 구분소유자 등에게 통지한 사항에 관하여만 결의할 수 있다(※ 법에 관리단집회의 결의에 관하여 특별한 정수가 규정된 사항을 제외하고는 법 제36조제2항에 따라 달리 정

할 수 있음). 다만, 제4항에 따른 관리단집회에서는 그러하지
아니하다.

제41조(개의 및 의결 정족수)

① 다음 각 호의 경우 관리단집회는 구분소유자의 3분의 2 이상
및 의결권의 3분의 2 이상으로 의결한다.

    1. 법 제15조제1항 본문에 따른 공용부분의 변경의 경우

    2. 법 제26조의2제1항 단서에 따른 회계감사를 받지 아니하기
로 하는 연도의 경우

    3. 그 밖에 관리단집회에서 정한 사항

② 다음 각 호의 경우 관리단집회는 구분소유자의 4분의 3 이상
및 의결권의 4분의 3 이상으로 의결한다.

    1. 법 제29조제1항에 따른 규약의 설정·변경·폐지

    2. 법 제44조제1항, 제2항에 따른 사용금지의 청구

    3. 법 제45조제1항, 제2항에 따른 구분소유권 경매의 청구

    4. 법 제46조제1항, 제2항에 따른 계약의 해제 및 전유부분의
인도 청구

    5. 그 밖에 관리단집회에서 정한 사항

③ 다음 각 호의 경우 관리단집회는 구분소유자의 5분의 4 이상
및 의결권의 5분의 4 이상으로 의결한다.

    1. 법 제15조의2제1항에 따른 권리변동 있는 공용부분의 변경

    2. 법 제47조제1항, 제2항에 따른 재건축 결의

    3. 법 제50조제4항에 따른 멸실한 공용부분의 복구

    4. 그 밖에 관리단집회에서 정한 사항

④ 제1항 내지 제3항 각 호 이외의 경우, 관리단집회는 구분소유
자의 과반수 및 의결권의 과반수로써 의결한다.

⑤ 관리단집회를 소집한 결과 관리단집회에 출석한 구분소유자의
수가 의결 정족수에 미달하는 경우 관리단집회를 재소집하여야
한다.

⑥ 제5항에 따라 관리단집회를 재소집한 결과 관리단집회에 출석한 구분소유자의 수가 의결 정족수에 다시 미달하는 경우 관리위원회가 설치된 경우 관리위원회의 결의로 관리단집회의 결의를 갈음할 수 있다. 다만, 제1항 내지 제3항의 경우에는 그러하지 아니하다.

⑦ 법 제41조에 따라 서면이나 전자적 방법 또는 서면과 전자적 방법(이하, "서면·전자적 방법 등"이라 함)에 의한 결의와 관리단집회의 결의를 병행하기로 한 경우 서면·전자적 방법 등으로 의결권을 행사한 자도 출석한 것으로 간주한다.

제42조(의결권)

① 각 구분소유자의 의결권은 별표 7과 같다 (※ 각 구분소유자의 의결권은 법 제37조제1항에 따라 특별한 규정 가능).

② 1인의 구분소유자가 2개 이상의 전유부분을 소유하는 경우 의결권 행사에 대하여는 그 구분소유자를 1인으로 본다.

③ 1개의 전유부분이 2인 이상 구분소유자의 공유에 속하는 경우 의결권 행사에 대하여는 그 공유자들을 1인의 구분소유자로 본다.

④ 구분소유자는 서면이나 전자적 방법 또는 대리인을 통하여 의결권을 행사할 수 있다.

제43조(점유자의 의결권행사)

① 점유자는 공용부분의 관리(법 제16조제2항), 관리인의 선임 또는 해임(법 제24조제4항), 회계감사(법 제26조의2제2항), 관리위원회를 설치한 경우 관리위원의 선임 또는 해임(법 제26조의4제5항)에 관하여 구분소유자의 의결권을 행사할 수 있다. 다만, 다음 각 호의 경우에는 그러하지 아니하다.

  1. 구분소유자와 점유자의 합의로 구분소유자가 의결권을 행사하기로 정하여 관리단에 통지한 경우

  2. 구분소유자의 권리·의무에 특별한 영향을 미치는 공용부분

의 관리행위에 관하여 점유자가 사전에 구분소유자의 동의를 받지 못한 경우

3. 관리인의 선임 또는 해임, 회계감사, 관리위원회를 설치한 경우 관리위원의 선임 또는 해임에 관하여, 구분소유자가 관리단집회 이전에 직접 의결권을 행사할 것을 관리단에 통지한 경우

② 동일한 전유부분의 점유자가 여럿인 경우에는 해당 구분소유자의 의결권을 행사할 1인을 정하여 관리단에 통지하여야 한다.

③ 여러 개의 전유부분을 소유한 구분소유자가 하나 이상의 전유부분을 점유하고 있는 경우 구분소유자만 의결권을 행사할 수 있다.

④ 여러 개의 전유부분을 소유한 구분소유자가 전유부분을 모두 점유하고 있지 않는 경우 점유자들은 의결권을 행사할 1인을 정하여 관리단에 통지하여야 한다.

제44조(점유자의 의견진술 등)

① 점유자는 집회의 목적사항에 관하여 이해관계가 있는 경우에는 집회에 출석하여 의견을 진술할 수 있다.

② 관리인 또는 제39조제4항의 구분소유자는 필요하다고 인정하는 경우 관리단집회의 의결권이 없는 자로 하여금 집회에 참석하여 의견을 진술하도록 허용할 수 있다.

제45조(서면에 의한 의결권 행사)

서면에 의한 의결권 행사는 관리단집회의 결의 전까지 할 수 있다 [※ 관리단집회의 결의 전까지는 집합건물의 소유 및 관리에 관한 법률 시행령(이하, "영"이라 함) 제14조제2항에 따라 규약 또는 관리단집회의 결의로 달리 정할 수 있음].

제46조(전자적 방법에 의한 의결권 행사)

① 법 제38조제2항에 따라 의결권을 전자적 방법으로 행사(이하, "전자투표"라 함)하는 경우에 구분소유자는 「전자서명법」 제2

조제2호에 따른 전자서명 또는 인증서로서 서명자의 실지명의를 확인할 수 있는 전자서명 또는 인증서를 통하여 본인 확인을 거쳐 전자투표를 하여야 한다.

② 전자투표는 관리단집회일 전날까지 하여야 한다(※ 관리단집회일 전날까지는 영 제13조제3항에 따라 규약 또는 관리단집회의 결의로 달리 정할 수 있음).

③ 관리단은 전자투표를 관리하는 기관을 지정하여 본인 확인 등 의결권 행사 절차의 운영을 위탁할 수 있다.

제47조(대리인에 의한 의결권 행사)

① 대리인은 의결권을 행사하기 전에 의장에게 대리권을 증명하는 서면을 제출하여야 한다.

② 대리인 1인이 수인의 구분소유자를 대리하는 경우에는 구분소유자의 과반수 또는 의결권의 과반수 이상을 대리할 수 없다.

제48조(서면 또는 전자적 방법에 의한 결의)

법 또는 규약에 따라 관리단집회에서 결의할 것으로 정한 사항에 관하여 구분소유자의 5분의 4 이상 및 의결권의 5분의 4 이상이 서면·전자적 방법 등으로 합의하면 관리단집회에서 결의한 것으로 본다.

제49조(집회의 운영)

① 관리인은 관리단집회의 의장이 된다. 다만, 제39조제4항에 따라 관리단집회가 소집된 경우, 법원의 허가를 받은 구분소유자가 관리단집회의 의장이 된다.

② 제1항에 해당하는 자가 2인 이상인 경우 관리단집회의 의장은 상호 합의로 결정하고, 상호 합의가 이루어지지 않으면 연장자가 관리단집회의 의장이 된다.

③ 관리단집회의 의장은 집회의 질서를 유지하고 의사를 정리하며, 고의로 의사진행을 방해하는 등 집회의 질서를 문란하게 하는 자에 대하여 발언의 제한, 퇴장 등 필요한 조치를 할 수 있다.

제50조(의사록)

① 관리단집회의 의장은 집회가 끝난 후 관리단집회의 의사에 관하여 서면(전자문서를 포함한다)으로 의사록을 작성하여야 한다.

② 의사록에는 다음 각 호의 사항을 기재하여야 한다.

   1. 회의 일시, 장소 및 목적사항

   2. 참가자 명단(서면 또는 전자적 방법, 대리인에 의한 의결권을 행사한 경우를 포함한다)

   3. 상정안건 및 상정안건에 대한 발언내용, 의결결과

   4. 권리변동 있는 공용부분의 변경 결의에 대한 각 구분소유자의 찬반 의사

   5. 그 밖에 관리단집회의 의장이 필요하다고 인정한 사항

③ 의사록은 관리단집회의 의장과 의결권을 행사한 구분소유자 2인 이상이 서명날인하여야 한다.

④ 관리단집회의 의장이 필요하다고 인정하는 경우, 의장은 관리단집회를 녹화 또는 녹음하거나 구분소유자 등에게 실시간으로 중계할 수 있다.

⑤ 관리인은 관리단집회를 소집하면서 명시한 제40조제1항제6호의 방법에 따라 관리단집회의 결과를 지체 없이 공고하여야 한다.

제6장 관리인 및 관리단 임원

제51조(관리인의 선임 등)

① 관리인은 관리단집회의 결의로 선임되거나 해임된다(※ 관리위원회가 설치된 경우 법 제24조제3항 단서에 따라 관리위원회의 결의로 선임되거나 해임되도록 정할 수 있음). 이 경우 전유부분이 50개 이상인 건물(「공동주택관리법」에 따른 의무관리대상 공동주택, 임대주택, 「유통산업발전법」에 따라 신고한 대규모점포등관리자가 있는 대규모점포 및 준대규모점포는 제외)의 관리인으로 선임된 자는 선임일로부터 30일 이내에 별표 8 양식의 관리인

선임 신고서에 관리단집회 의사록 등 선임사실을 입증할 수 있는 자료를 첨부하여 자치구의 구청장에게 제출해야 한다.

② 관리인의 임기는 2년(※ 임기는 법 제24조제2항에 따라 2년의 범위에서 정할 수 있음)이며, 연임할 수 있다.

③ 관리인은 관리단 임원과 감사, 관리위원회가 설치된 경우 관리위원을 겸직할 수 없다(※ 관리인이 관리위원이 될 수 있는지는 법 제26조의4제2항에 따라 달리 정할 수 있음).

제52조(관리인의 해임청구)

다음 각 호의 어느 하나에 해당하는 경우 구분소유자는 법 제24조제5항에 따라 관리인의 해임을 법원에 청구할 수 있다.

1. 고의 또는 중대한 과실로 관리대상물을 멸실·훼손하여 구분소유자 등에게 손해를 가한 경우
2. 관리비, 수선적립금을 적립하는 경우 수선적립금 등 관리단의 수입을 횡령한 경우
3. 위탁관리회사 등의 선정 과정에서 입찰정보를 누설하는 등 입찰의 공정을 훼손하거나 금품을 수수한 경우
4. 그 밖에 관리인에게 부정한 행위나 그 직무를 수행하기에 적합하지 아니한 사정이 있는 경우

제53조(관리인의 자격)

다음 각 호의 어느 하나에 해당하는 사람은 관리인이 될 수 없다.

1. 미성년자, 피성년후견인
2. 파산선고를 받은 자로서 복권되지 아니한 사람
3. 금고 이상의 형을 선고받고 그 집행이 끝나거나 그 집행을 받지 아니하기로 확정된 후 5년이 지나지 아니한 사람(과실범은 제외한다)
4. 금고 이상의 형을 선고받고 그 집행유예 기간이 끝난 날부터 2년이 지나지 아니한 사람(과실범은 제외한다)
5. 상가 집합건물의 관리와 관련하여 벌금 100만원 이상의 형

을 선고받은 후 5년이 지나지 아니한 사람

6. 관리위탁계약 등 관리단의 사무와 관련하여 관리단과 계약을 체결한 자 또는 그 임 직원

7. 관리단에 매달 납부하여야 할 분담금을 3개월 연속하여 체납한 사람

제54조(임시관리인의 선임 등)

① 구분소유자, 점유자, 분양자 등 이해관계인은 제51조제1항에 따라 선임된 관리인이 없는 경우에는 법원에 임시관리인의 선임을 청구할 수 있다.

② 임시관리인은 선임된 날부터 6개월 이내에 제51조제1항에 따른 관리인 선임을 위하여 관리단집회 또는 관리위원회가 설치된 경우 관리위원회를 소집하여야 한다.

③ 임시관리인의 임기는 선임된 날부터 제51조제1항에 따라 관리인이 선임될 때까지로 하되, 같은 조 제2항에서 정한 임기를 초과할 수 없다.

※ 부관리인이 없는 경우

제55조(관리인의 직무대행)

관리인이 부득이한 사유로 일시적으로 직무를 수행할 수 없는 경우, 관리단집회의 결의로 직무대행자를 선임할 수 있다. 다만, 관리위원회가 설치된 경우에는 관리위원회의 결의로 관리단집회의 결의를 갈음할 수 있다.

※ 부관리인이 있는 경우

제55조(관리인의 직무대행)

① 관리인이 부득이한 사유로 일시적으로 직무를 수행할 수 없는 경우, 부관리인이 관리인의 직무를 대행한다.

② 부관리인이 직무를 대행할 수 없는 경우, 관리단집회의 결의로 직무대행자를 선임할 수 있다. 다만, 관리위원회가 설치된 경우에는 관리위원회의 결의로 관리단집회의 결의를 갈음할 수

있다.

제56조(관리인의 주의의무 등)

① 관리인은 상가 집합건물의 관리 및 사용에 관한 공동이익을 위하여 선량한 관리자의 주의로 관리단의 사무를 집행하여야 한다.

② 관리인은 관리단집회의 결의에 따라 필요한 경비와 보수를 지급받을 수 있다.

제57조(관리인의 권한과 의무)

① 관리인은 다음 각 호의 행위를 할 권한과 의무를 가진다(※ 관리인이 권한과 의무를 가지는 행위는 법 제25조제1항제4호에 따라 정할 수 있음).

1. 공용부분의 보존행위
2. 공용부분의 관리 및 변경에 관한 관리단집회 결의를 집행하는 행위
3. 공용부분의 관리비용 등 관리단의 사무 집행을 위한 비용과 분담금을 각 구분소유자에게 청구·수령하는 행위 및 그 금원을 관리하는 행위
4. 관리단의 사업 시행과 관련하여 관리단을 대표하여 하는 재판상 또는 재판 외의 행위(다만, 관리인의 대표권은 관리단집회의 결의로 제한할 수 있다)
5. 소음·진동·악취 등을 유발하여 공동생활의 평온을 해치는 행위의 중지 요청 또는 분쟁 조정절차 권고 등 필요한 조치를 하는 행위
6. 그 밖에 제28조제1항의 관리단 사무를 집행하는 행위

② 관리인의 권한과 의무에 관하여 법 또는 규약에서 정하지 않은 사항에 관하여는 민법의 위임에 관한 규정을 준용한다.

제58조(자문위원회의 설치)

① 관리인은 필요하다고 인정할 때에는 제28조제1항의 관리단 사무를 집행하기 위한 범위 내에서 특정한 문제를 자문하기 위하여

다음 각 호의 자문위원회를 둘 수 있다.

1. 회계자문위원회
2. 법무자문위원회
3. 그 밖에 관리인이 필요하다고 인정하는 자문위원회

② 관리인은 관리단집회에 제1항에 따른 자문 결과를 보고하여야 한다. 다만, 관리위원회가 설치된 경우에는 관리위원회에 대한 보고로 관리단집회에 대한 보고를 갈음할 수 있다.

제59조(관리인의 보고의무)

① 법 제26조제1항에 따라 관리인이 보고해야 하는 사무는 다음 각 호와 같다.

1. 관리단의 사무 집행을 위한 분담금액과 비용의 산정방법, 징수 · 지출 · 적립내역에 관한 사항
2. 제1호 외에 관리단이 얻은 수입 및 그 사용 내역에 관한 사항
3. 관리위탁계약 등 관리단이 체결하는 계약의 당사자 선정과 정 및 계약조건에 관한 사항
4. 규약 및 규약에 기초하여 만든 규정의 설정 · 변경 · 폐지에 관한 사항
5. 관리단 임직원의 변동에 관한 사항
6. 대지, 공용부분 및 부속시설의 보존 · 관리 · 변경에 관한 사항
7. 관리단을 대표한 재판상 행위에 관한 사항
8. 제84조제1항에 따른 회계감사를 받은 경우 감사보고서 등 회계감사의 결과에 관한 사항
9. 그 밖에 규약, 규약에 기초하여 만든 규정이나 관리단집회 의 결의에서 정하는 사항

② 관리인은 제1항의 보고사항을 구분소유자 등이 쉽게 식별할 수 있는 건물 내의 적당한 장소에 게시하여야 한다. 관리단의 인터넷 홈페이지가 있는 경우 인터넷 홈페이지에도 이를 게시하

여야 한다.

③ 관리인은 월 1회 구분소유자에게 관리단의 사무 집행을 위한 분담금액과 비용의 산정방법을 서면으로 보고하여야 한다(※ 관리인의 월 1회 서면 보고는 영 제6조제2항에 따라 달리 정할 수 있음).

④ 관리인은 법 제32조에 따른 정기 관리단집회에 출석하여 관리단이 수행한 사무의 주요 내용과 예산·결산 내역을 보고하여야 한다.

제60조(관리단 사무의 인수인계)

① 관리인이 변경된 경우, 전임 관리인은 후임 관리인에게 제32조제1항의 자료와 그 밖에 관리단의 사무에 필요한 물건을 전부 교부하는 등 후임 관리인이 관리단 사무를 원활히 수행할 수 있도록 협력하여야 한다.

② 전임 관리인이 관리단 사무를 후임 관리인에게 인계할 때 관리위원회가 설치된 경우에는 관리위원회 위원장의 참관하에 서명·날인하여야 한다.

※ 부관리인 등 관리단 임원과 감사를 두는 경우에 한함

제61조(관리단 임원과 감사의 선임 등)

① 부관리인 등 관리단 임원과 감사는 관리단집회의 결의로 선임되거나 해임된다.

② 감사는 구분소유자 중에서 선임한다.

③ 부관리인 등 관리단 임원과 감사의 임기는 2년이며, 연임할 수 있다.

④ 부관리인 등 관리단 임원과 감사의 주의의무, 보수에 관하여는 제56조를 준용한다.

※ 감사를 두는 경우에 한함

제62조(감사의 권한과 의무)

① 감사는 관리단의 사무와 회계를 감사하며, 관리단집회에 감사

결과보고서를 제출하여야 한다. 관리위원회가 설치된 경우에는 관리위원회에도 감사결과보고서를 제출하여야 한다.

② 감사는 관리인에게 제1항의 감사를 위하여 필요한 자료의 제공을 요구할 수 있다.

③ 관리단의 사무집행 또는 회계관리가 법령 또는 규약을 위반하였음을 발견한 경우, 감사는 관리인에게 관리위원회가 설치된 경우에는 관리위원회의 소집을 청구할 수 있다.

④ 감사는 관리단집회에 출석하여 의견을 진술할 수 있다. 관리위원회가 설치된 경우에는 관리위원회에 출석하여 의견을 진술할 수 있다.

⑤ 구분소유자의 10분의 1 이상이 관리단의 사무집행 또는 회계관리를 특정하여 감사를 요청한 경우, 감사는 이에 대한 감사를 실시한 후 감사를 요청한 구분소유자에게 감사 결과를 통지하여야 한다.

제7장 관리위원회 (※ 관리위원회를 두는 경우에 한함)

제63조(관리위원회의 구성)

① 관리위원회를 구성하는 관리위원은 구분소유자 중에서 다음 각 호의 선거구별로 1명씩 총 ○인의 정원을 관리단집회의 결의에 의하여 선출한다(※ 선거구 및 선거구별 관리위원의 수는 영 제7조 제1항에 따라 정할 수 있음).

   1. 제1 선거구: 1명

   2. 제2 선거구: 1명

   3. 제3 선거구: 1명

   4. 제4 선거구: 1명

   5. 제5 선거구: ~

② 관리위원은 선출과 동일한 방법에 의하여 해임된다.

③ 관리위원의 임기는 2년(※ 임기는 법 제26조의4제3항에 따라

2년의 범위에서 정할 수 있음)이며, 연임할 수 있다.

④ 관리위원회 위원장이 관리단집회에서 선출되지 않은 때에는 관리위원들의 투표로 선출한다.

제64조(관리위원의 자격 등)

① 관리위원의 자격에 관하여는 제53조를 준용한다.

② 관리위원은 관리인(※ 관리인이 관리위원이 될 수 있는지는 법 제26조의4제2항에 따라 달리 정할 수 있음), 관리단 임원, 감사를 겸직할 수 없다.

제65조(관리위원회의 권한)

관리위원회는 이 규약에서 별도로 정하는 사항 외에 다음 각 호의 직무를 수행한다.

1. 법 제26조의3제2항에 따른 관리인의 사무 집행 감독
2. 제5조제2항에 따른 규약의 설정·변경·폐지를 위한 안건의 발의
3. 제10조의2제3항에 따른 전유부분 업종 변경 신청의 승인 또는 거부에 관한 결의
4. 제15조제2항에 따른 주차장 사용에 관한 계약 체결 및 사용료 납부에 관한 결의
5. 제16조제1항에 따른 대지와 공용부분 등의 임대에 관한 결의
6. 제30조제1항에 따른 공용부분 등의 변경 계획서에 대한 승인
7. 제36조에 따른 관리단 사무의 위탁에 관한 결의
8. 제39조제2항에 따른 임시 관리단집회의 소집에 관한 결의
9. 제39조제3항제2호에 따른 임시 관리단집회의 소집 청구
10. 제39조제5항에 따른 임시 관리단집회의 목적사항 검토 및 결과 보고
11. 제41조제6항에 따른 관리단집회의 결의에 갈음한 결의
12. 제55조에 따른 관리단집회의 결의에 갈음한 관리인의 직무대행자 선임

13. 제57조제1항에 따른 관리인의 권한과 의무에 관한 결의
14. 제70조제2항, 제74조제1항에 따른 선거관리위원회의 위원 선출 또는 해임에 관한 결의
15. 제72조제1호에 따른 선거관리규정의 제정·개정에 대한 승인
16. 제84조제2항에 따른 감사인의 추천 의뢰 결의
17. 그 밖에 관리단집회에서 위임한 사항

제66조(관리위원회의 소집)

① 관리위원회 위원장은 필요하다고 인정할 때에는 관리위원회를 소집할 수 있다.

② 다음 각 호의 어느 하나에 해당하는 경우 관리위원회 위원장은 관리위원회를 소집하여야 한다.

1. 관리위원의 5분의 1 이상이 청구하는 경우
2. 관리인이 청구하는 경우
3. 구분소유자의 10분의 1 이상이 회의의 목적사항을 구체적으로 밝혀 청구하는 경우(※ 관리위원회를 소집하여야 하는 경우를 영 제9조제2항제3호에 따라 정할 수 있음)
4. 감사가 제62조제1항의 감사결과보고서 제출, 제62조제3항의 법령 또는 규약 위반사실 보고를 위해 청구하는 경우(※ 관리위원회를 소집하여야 하는 경우를 영 제9조제2항제3호에 따라 정할 수 있음)

③ 제2항의 청구가 있은 후 관리위원회 위원장이 청구일부터 2주일 이내의 날을 회의일로 하는 소집통지 절차를 1주일 이내에 밟지 아니하면 소집을 청구한 사람이 관리위원회를 소집할 수 있다.

④ 관리위원회를 소집하려면 회의일 1주일(※ 1주일은 영 제9조제4항 단서에 따라 달리 정할 수 있음) 전에 회의의 일시, 장소 및 목적사항을 구체적으로 밝혀 각 관리위원에게 통지하여야 한다.

⑤ 관리위원회는 관리위원 전원이 동의하면 제4항에 따른 소집절차를 거치지 아니하고 소집할 수 있다.

제67조(관리위원회의 의결방법)

① 관리위원회의 의사는 관리위원회 재적위원 과반수의 찬성으로 의결한다(※ 관리위원회의 의사는 영 제10조제1항에 따라 달리 정할 수 있음).

② 관리위원은 질병, 해외체류 등 부득이한 사유가 있는 경우 외에는 서면이나 대리인을 통하여 의결권을 행사할 수 없다.

③ 관리위원회는 제66조제4항에 따라 각 관리위원에게 통지한 사항에 관하여만 결의할 수 있다. 다만, 제66조제5항에 따른 관리위원회에서는 그러하지 아니하다.

제68조(관리위원회의 운영)

① 다음 각 호의 순서에 따른 사람이 관리위원회 회의를 주재한다(※ 관리위원회의 회의 주재 순서는 영 제11조제1항에 따라 달리 정할 수 있음).

　　1. 관리위원회 위원장

　　2. 관리위원회 위원장이 지정한 관리위원

　　3. 관리위원 중 연장자

② 관리위원회 회의를 주재한 자는 관리위원회의 의사에 관하여 의사록을 작성·보관하여야 한다.

③ 이해관계인은 제2항에 따라 관리위원회 의사록을 보관하는 자에게 관리위원회 의사록의 열람을 청구하거나 자기 비용으로 등본의 발급을 청구할 수 있다.

제69조(관리위원회 회의규칙)

관리위원회는 효율적인 회의 진행을 위하여 의사진행, 방청, 의견진술 등에 관한 회의규칙을 정할 수 있다.

제8장 선거관리위원회 (※ 선거관리위원회를 두는 경우에 한함)

제70조(선거관리위원회 구성)

① 선거관리위원회는 구분소유자 중에서 선출된 3인 이상 7인 이

내로 구성한다.

② 선거관리위원회의 위원은 다음 각 호의 자 중 관리단집회의 결의(관리위원회가 설치된 경우에는 관리위원회의 결의)로 선출한다.

1. 관리인이 추천한 자

2. 관리위원회가 설치된 경우 관리위원 3분의 1 이상이 추천한 자

3. 구분소유자의 20분의 1 이상(최소 5인 이상)이 추천한 자

③ 제2항 각 호에 따른 추천권자가 관리인으로부터 선거관리위원 추천 통보를 받은 날부터 1주일 이내에 추천을 하지 않거나 추천한 사람이 선거관리위원 정원의 2배를 초과하지 않은 때에는 관리인은 구분소유자 중에서 희망하는 자를 공개모집하여 추천할 수 있다.

④ 제2항에도 불구하고 선거관리위원회가 구성되지 않은 경우에는 자치구의 구청장은 구분소유자 중에서 학식과 사회경험이 풍부한 자를 위원으로 위촉할 수 있다.

⑤ 위원장은 선거관리위원회 위원 중에서 위원들의 투표로 선출한다.

제71조(임기 및 자격상실 등)

① 선거관리위원회 위원의 임기는 선출 또는 위촉받은 날로부터 2년으로 하되 연임할 수 있으며, 위원장의 임기는 그 위원의 임기가 만료되는 날까지로 한다.

② 선거관리위원은 구분소유자 지위를 상실한 때 그 자격을 상실한다.

③ 다음 각 호의 어느 하나에 해당하는 사람은 선거관리위원회 위원이 될 수 없다.

1. 제53조 각 호에 해당하는 사람

2. 관리인, 관리단 임원, 관리위원회가 설치된 경우 관리위원 및 감사 후보자의 배우자나 직계존비속인 사람

④ 선거관리위원회 위원은 관리인, 관리단 임원 및 감사, 관리위원회가 설치된 경우 관리위원을 겸직할 수 없다.

제72조(업무)

선거관리위원회가 설치된 경우 선거관리위원회는 다음 각 호의 업무를 수행한다.

1. 선거관리규정의 제정·개정[단, 관리단집회(관리위원회가 설치된 경우 관리위원회)의 승인 필요]
2. 관리인, 관리단 임원 및 감사, 관리위원회 위원장, 관리위원 등의 선출 및 해임에 관한 선거관리
3. 관리인, 관리단 임원 및 감사, 관리위원회 위원장, 관리위원 등의 법 또는 규약에서 정한 결격사유 유무 확인
4. 관리단집회의 결의를 투표의 방식으로 하는 경우 그 투·개표업무
5. 관리인, 관리단 임원 및 감사, 관리위원회 위원장, 관리위원 등에 대한 당선확인 및 당선증 교부
6. 관리인, 관리단 임원 및 감사, 관리위원회 위원장, 관리위원 등의 사퇴 접수·처리
7. 그 밖에 선거관리에 관한 업무

제73조(운영 등)

① 위원장은 선거관리위원회를 대표하고, 그 업무를 총괄한다.
② 위원장이 부득이한 사유로 직무를 수행할 수 없는 경우에는 위원 중 과반수 결의로 그 직무를 대행할 자를 선출한다.
③ 위원이 궐위된 경우에는 60일 이내에 다시 선출 또는 위촉한다. 보궐위원의 임기는 전임자의 잔여임기로 한다.
④ 위원장은 선거관리위원회의 회의에 관하여 회의록을 작성하고, 위원장 및 위원 2인 이상이 서명날인한 후 관리인이 보관하도록 하여야 한다.
⑤ 이해관계인은 관리인에게 선거관리위원회 회의록의 열람을 청

구하거나 자기 비용으로 등본의 발급을 청구할 수 있다.

제74조(선거관리위원의 해임)

① 선거관리위원이 직무를 유기하거나 법령 및 규약을 위반한 경우, 구분소유자의 10분의 1 이상이 발의하고 관리단집회의 결의(관리위원회가 설치된 경우 관리위원회의 결의)로 해임할 수 있다.

② 위원장은 정당한 사유 없이 3회 연속하여 회의에 출석하지 아니한 자를 해임할 수 있다.

제9장 회계

제75조(관리단의 수입)

① 관리단의 수입은 다음 각 호와 같다.

   1. 관리비

   2. 수선적립금을 적립하는 경우 수선적립금

   3. 사용료

   4. 잡수입

② 관리비와 수선적립금을 적립하는 경우 수선적립금은 구분하여 회계처리하여야 한다.

제76조(관리비)

① 관리비는 다음 각 호의 경비를 말한다.

   1. 일반관리비

   2. 청소비

   3. 경비비

   4. 소독비

   5. 승강기유지비

   6. 지능형 홈네트워크 설비 유지비

   7. 난방비

   8. 급탕비

9. 수선유지비

10. 위탁관리수수료

② 구분소유자는 관리단에 상가 집합건물의 유지·관리에 필요한 관리비를 납부하여야 한다.

③ 점유자는 전유부분의 점유기간 동안 발생한 관리비에 대하여 구분소유자와 연대하여 책임을 진다.

④ 구분소유자가 관리비, 수선적립금을 적립하는 경우 수선적립금 및 사용료(이하, "관리비 등"이라 함)를 체납한 경우 구분소유자의 지위를 승계한 자가 이를 부담하여야 한다. 단, 공용부분 관리비 등에 한한다.

제77조(수선계획 수립 및 수선적립금)

① 관리단은 관리단집회 결의에 따라 관리대상물의 교체 및 보수에 관한 수선계획을 수립하고(※ 수선계획의 수립을 법 제17조의2제1항에 따라 달리 정할 수 있음) 구분소유자의 공유지분 비율에 따라 산출한 수선적립금을 구분소유자로부터 징수하여 적립할 수 있다(※ 수선적립금의 적립을 법 제17조의2제2항 본문에 따라 달리 정할 수 있음).

② 제1항에 따라 수선계획을 수립하는 자는 다음 각 호의 사항을 포함하여 수선계획을 수립하여야 한다.

1. 계획기간

2. 외벽 보수, 옥상 방수, 급수관·배수관 교체, 창·현관문 등의 개량 등 수선대상 및 수선방법

3. 수선대상별 예상 수선주기

4. 계획기간 내 수선비용 추산액 및 산출근거

5. 수선계획의 재검토주기

6. 법 제17조의2제2항 본문에 따른 수선적립금의 사용절차

7. 그 밖에 관리단집회의 결의에 따라 수선계획에 포함하기로 한 사항

③ 제1항에 따른 수선적립금의 징수·적립을 관리단집회에서 결의할 때에는 다음 각 호의 사항을 정할 수 있다. 다만, 관리단집회 결의로 달리 정함이 없으면 수선적립금은 집합건물 공용부분에 대한 구분소유자의 공유지분 비율에 따라 산출하고, 관리단이 존속하는 동안 매달 적립하는 것으로 하며, 은행 또는 우체국에 관리단 명의로 계좌를 개설하여 예치하여야 한다.

1. 각 구분소유자로부터 징수할 수선적립금의 산출기준
2. 징수기간과 징수의 주기
3. 구분소유자 중 일부에 대하여 수선적립금 분담의무의 감면을 인정할지 여부
4. 적립금의 예치방법

② 관리단은 수선적립금을 다음 각 호의 용도로 사용하여야 한다(※ 수선적립금의 사용용도를 법 제17조의2제4항에 따라 달리 정할 수 있음).

1. 제1항의 수선계획에 따른 공사
2. 자연재해 등 예상하지 못한 사유로 인한 수선공사
3. 제1호 및 제2호의 용도로 사용한 금원의 변제

제78조(사용료)

① 관리단은 구분소유자 등의 편의를 위하여 징수권자를 대행하여 다음 각 호의 사용료를 관리비와 함께 징수하여 징수권자에게 납부할 수 있다.

1. 전기료(공동으로 사용하는 시설의 전기료를 포함함)
2. 수도료(공동으로 사용하는 수도료를 포함함)
3. 가스사용료
4. 정화조오물수수료
5. 생활폐기물수수료
6. 제 보험료
7. 제 운영경비(관리단집회, 관리위원회, 선거관리위원회)

② 점유자는 전유부분의 점유기간 동안 발생한 사용료에 대하여 구분소유자와 연대하여 책임을 진다.

제79조(잡수입)

① 전용사용부분 사용료(제14조), 주차장 사용료(제15조), 대지와 공용부분 등 임대료(제16조), 등본비용(제32조제2항 및 제3항, 제68조제3항, 제73조제5항, 제83조제3항), 그 밖에 상가 집합건물의 관리 등으로 인하여 발생한 수입은 잡수입으로 한다.

② 제1항의 잡수입 중 구분소유자가 적립에 기여한 것이 명백한 잡수입은 수선적립금을 적립하는 경우 수선적립금으로 적립하고(※ 수선적립금의 적립을 법 제17조의2제2항 본문에 따라 달리 정할 수 있음), 이를 제77조제2항 각 호의 용도로 사용하여야 한다(※ 수선적립금의 사용용도를 법 제17조의2제4항에 따라 달리 정할 수 있음).

③ 제2항을 제외한 잡수입은 구분소유자 등이 함께 적립에 기여한 잡수입으로 간주하고, 이를 관리비의 회계처리와 같은 방법으로 처리한다.

제80조(관리비 등의 징수)

① 관리단은 관리비 등을 징수하기 위하여 납기일 10일 전까지 구분소유자 등에게 다음 각 호의 사항을 명시한 고지서를 교부하여야 한다.

　1. 전유부분의 표시
　2. 관리비 등의 산정기간, 비목별·세부내역별 금액 및 산정방법
　3. 납부기한 및 연체료
　4. 납부방법(납부할 예금계좌번호 등)

② 관리비, 수선적립금을 적립하는 경우 수선적립금의 산정기간은 매월 1일부터 말일까지로 한다. 다만, 사용료의 산정기간은 사용료 징수권자와 체결한 계약을 따른다.

③ 관리비 등의 납부기한은 다음 달 말일까지로 한다. 다만, 납기

일이 공휴일인 경우 그 다음날까지로 한다.

④ 구분소유자 등이 납부기한까지 관리비 등을 납부하지 아니한 경우, 관리단은 구분소유자 등에게 제1항에 따라 고지한 연체료 및 연체로 인한 손해배상금(우편료, 등기부 열람비용, 소송비용, 추심비용 등 포함)을 청구할 수 있다.

⑤ 제4항에 따른 연체료 및 연체로 인한 손해배상금은 관리비 예산 총액의 ○%까지 관리비로 충당하고, 나머지는 수선적립금을 적립하는 경우 수선적립금으로 적립한다.

제81조(회계연도)
관리단의 회계연도는 매년 1월 1일부터 12월 31일까지로 한다.

제82조(예산 및 결산)
① 관리인은 당해 회계연도의 예산안을 작성하여 정기 관리단집회에 보고하여야 한다.

② 관리인은 직전 회계연도의 결산결과보고서를 작성하여 감사의 회계감사를 거쳐 정기 관리단집회에 보고하여야 한다.

제83조(회계장부 등)
① 관리인은 회계장부를 작성하여 보관하여야 한다.

② 관리인은 회계업무의 수행을 위하여 관리단 명의의 예금계좌를 개설하여야 한다.

③ 이해관계인은 서면으로 회계장부와 관리단 명의의 예금계좌의 열람을 청구하거나 자기 비용으로 등본의 발급을 청구할 수 있다.

제84조(회계감사)
① 관리인은 법 제26조의2에 따라 다음 각 호의 어느 하나에 해당하는 경우(「공동주택관리법」에 따른 의무관리대상 공동주택, 임대주택, 「유통산업발전법」에 따라 신고한 대규모점포등관리자가 있는 대규모점포 및 준대규모점포는 제외) 매 회계연도 종료 후 9개월 이내에 재무제표와 관리비 운영의 적정성에 대하여 감사인의 회계감사를 받아야 한다.

1. 전유부분이 150개 이상으로서 영 제6조의2제1항으로 정하는 건물의 경우 매년 1회 이상(다만, 관리단집회에서 구분소유자의 3분의 2 이상 및 의결권의 3분의 2 이상이 회계감사를 받지 아니하기로 결의한 연도에는 그러하지 아니하다)
2. 전유부분이 50개 이상 150개 미만으로서 영 제6조의2제2항으로 정하는 건물의 구분소유자의 5분의 1 이상이 연서(점유자가 구분소유자를 대신하여 연서 가능)하여 요구하는 경우

② 관리인은 관리위원회가 설치된 경우 관리위원회의 결의를 거쳐 자치구의 구청장이나「공인회계사법」제41조에 따른 한국공인회계사회에 감사인의 추천을 의뢰할 수 있고, 다음 각 호의 어느 하나에 해당하는 사람은 제1항에 따른 회계감사인으로 선정하여서는 아니 된다.
1.「공인회계사법」제48조제2항제1호부터 제3호까지에 해당하는 징계를 받은 사람
2.「공인회계사법」제41조에 따른 한국공인회계사회 회칙에 따라 회원권리 정지기간 중에 있는 사람. 이 경우 상가 집합건물 관리분야 회계감사와 관련하여 받은 징계로 한정한다.

③ 제1항에 따라 회계감사를 받는 관리인은 다음 각 호의 어느 하나에 해당하는 행위를 하여서는 아니 된다.
1. 정당한 사유 없이 감사인의 자료열람·등사·제출 요구 또는 조사를 거부·방해·기피하는 행위
2. 감사인에게 거짓 자료를 제출하는 등 부정한 방법으로 회계감사를 방해하는 행위

④ 관리인은 제1항에 따라 회계감사를 받은 경우 영 제6조의4로 정하는 바에 따라 감사보고서 등 회계감사의 결과를 구분소유자 및 점유자에게 보고하여야 한다.

⑤ 관리인은 제4항의 보고의무를 이행하기 위하여 건물 내의 적당한 장소에 게시하거나 인터넷 홈페이지가 있는 경우 인터넷 홈

페이지에 공개함으로써 통지를 갈음할 수 있다.

제85조(회계감사기준 및 회계세칙) 제84조제1항에 따른 회계감사기준은 「주식회사 등의 외부감사에 관한 법률」제16조에 따른 회계감사기준을 적용하고, 관리단은 필요한 경우 관리단 회계를 위한 회계세칙을 정할 수 있다.

제10장 의무위반자에 대한 조치

제86조(의무위반자에 대한 조치)
구분소유자 등이 법 제5조제1항, 제2항의 행위를 한 경우 또는 그 행위를 할 우려가 있는 경우, 관리인 또는 관리단집회의 결의로 지정된 구분소유자는 법 제43조 내지 제46조에 따라 필요한 조치를 할 수 있다.

제87조(관리비 등의 체납자에 대한 조치)
① 관리인은 구분소유자 등이 관리비 등을 체납하면 독촉장을 발부할 수 있다.
② 관리인이 독촉장을 발부한 후에도 관리비 등을 체납한 호실에 대하여는 가산금 징수, 「민사소송법」에 의한 지급명령신청 또는 「소액사건심판법」에 따른 소액심판청구 등의 조치를 할 수 있다.
③ 관리인은 구분소유자 등이 사용료를 체납한 때에는 징수권자의 약관 등의 규정을 준용하여 조치한다.
④ 관리인은 구분소유자 등이 체납한 관리비 등을 납부한 때에는 즉시 제2항의 조치를 해제하여야 한다.

제11장 관할

제88조(관할)
법 제43조 내지 제46조에 따른 소송, 그 밖에 관리단과 구분소유자 사이의 소송은 상가 집합건물 소재지의 관할법원에 제기하여야 한다.

부칙

제1조(시행일) 이 규약은 ○○○○년 ○월 ○일부터 시행한다.

제2조(종전 행위의 효력) 관리단이 이 규약 시행 전에 종전의 규약에 따라 한 행위는 이 규약에 따라 행한 것으로 본다.

〈별표 1〉 관리대상물 (제3조 관련)

상가 명칭 등		서울특별시 ○○구 ○○로○○길 ○○(○○동 ○○번지) 소재 ○○○상가
대지	소재지	
	면적	
	권리관계	
건물	구조 등	철근콘크리트조 지상 ○○층, 지하 ○○층 용도(상업용) 연면적 ㎡ 건축면적 ㎡
	전유부분	총 호수 호 연면적 ㎡
부속시설		담, 울타리, 주차장, 자전거 주차장, 쓰레기장, 배수로, 배수구, 외등(조명) 설비, 조경목, 게시판, 안내판, 관리사무실 등 건물에 존재하는 시설

〈별표 2〉 구분소유자들의 공유지분 (제6조제3항 관련)

공유비율 상가 번호	대지 및 부속시설	공용부분
○호실	○○○분의 ○○	○○○분의 ○○
○호실	○○○분의 ○○	○○○분의 ○○
○호실	○○○분의 ○○	○○○분의 ○○
○호실	○○○분의 ○○	○○○분의 ○○
○호실	○○○분의 ○○	○○○분의 ○○
·	·	·
·	·	·
·	·	·
합계	○○○분의 ○○	○○○분의 ○○

〈별표 3〉 임차인 서약서 (제12조 관련)

서 약 서

　　○○○상가의 규약 제12조에 따른 서약서를 아래와 같이 제출합니다.

- 아　　래 -

임차인 성명
주소
전화번호

　　상기 본인은 당 ○○○상가 ○○호실을 임차함에 있어 당 상가 관리대상물의 사용에 관한 규약과 제 세칙을 준수할 것을 서약합니다.

년　　　월　　　일

서약자　　(서명 또는 날인)

○○○상가 관리단
관리인 ○○○ 귀하

〈별표 4〉 발코니 등의 전용사용부분 및 전용사용권자 (제14조제1항 관련)

전용사용 부분 구분	발코니, 베란다	현관문, 창틀, 창문	상가용 건물 앞 대지	옥상
1. 위 치	상가에 접한 발코니, 베란다	상가에 부속하는 현관문, 창틀, 창문	별첨도와 같음	별첨도와 같음
2. 전용사용 권자	상가의 구분 소유자 등	상가의 구분 소유자 등	○호 상가 구분소유자 등	○호 상가 구 분소유자 등

〈별표 5〉 구분소유자 신고서 (제24조제1항 관련)

신 고 서(구분소유자)

○○○상가의 구분소유권 취득/상실을 아래와 같이 신고합니다.

- 아   래 -

1. 대상   상가 ○○호

2. 구분소유권을 취득한 자   성명 (서명 또는 날인)
   주소
   전화번호

3. 구분소유권을 상실한 자   성명 (서명 또는 날인)
   주소
   전화번호

4. 구분소유권 변동일

5. 구분소유권 변동원인

년   월   일

신고인   (서명 또는 날인)

○○○상가 관리단 관리인 ○○○ 귀하

〈별표 5-1〉 점유자 신고서 (제24조제2항 관련)

신　고　서(점유자)

　○○○상가의 전세권·임차권 취득/상실을 아래와 같이 신고합
니다.

- 아　　래 -

1. 대상　　　　　　　　　　　　상가　○○호

2. 전세권·임차권을 취득/상실한 자　성명　(서명 또는 날인)
　　주소
　　전화번호

3. 구분소유자　　　　　　　　　성명　(서명 또는 날인)
　　주소
　　전화번호

4. 전세권·임차권 취득일/상실일

년　　월　　일

신고인　　(서명 또는 날인)

○○○상가 관리단 관리인 ○○○ 귀하

〈별표 6〉 개인정보 수집·이용 및 제공 동의서 (제24조제3항 관련)

개인정보 수집·이용 및 제공 동의서

○○○상가 관리단은 규약이 정하는 관리단 운영의 필요한 사항을 수행하기 위한 개인정보를 「개인정보 보호법」제15조, 제17조, 제23조, 제24조, 제24조의2에 따라 구분소유권자 및 점유자의 동의하에 다음과 같이 수집·이용 및 제3자에게 제공하고 있습니다.

1. 개인정보 수집·이용의 목적: 당 상가 관리단 운영에 필요한 규약으로 정한 사항(제87조 체납자에 대한 조치 등)

2. 개인정보의 처리 및 보유기간: 해당 호실을 점유하는 기간까지

3. 개인정보의 제3자 제공

□ 제공받는 자: 한국전력공사, 가스공급사, 경찰서, 법원, 지방자치단체
□ 제공받는 자의 이용목적: 규약 위반자에 대한 조치 등

4. 개인정보 이용 항목

□ 성명, 생년월일, 주소, 연락처, 차량번호, 영상정보 등

5. 수집된 개인정보의 파기에 관한 사항

□ 당 상가 관리단에서 정한 절차에 따라 관리비 등의 정산을 완료하고 전출한 경우 지체 없이 파기해야 한다.

6. 부동의 시 불이익

□ 당 상가 관리단에서 개인정보를 수집하고 있으나, 이에 동의하지 않을 수 있고, 동의하지 않을 경우 규약으로 정한 구분소유자 등의 권리가 제한될 수 있으며 비상 시(차량파손, 급배수 누출 또는 화재 등) 적시에 필요한 조치 등을 받지 못하는 등의 피해를 해당 구분소유자 등이 받을 수 있습니다.

본인은 개인정보취급 및 개인정보의 수집·이용·제공 등의 내용에 대하여 동의합니다.

년   월   일

상가 ○○호실   동의자   (서명 또는 날인)

〈별표 7〉 각 구분소유자의 의결권 (제42조제1항 관련)

상가 호실	의결권 비율	상가 호실	의결권 비율
○○호실	○○○분의○○	○○호실	○○○분의○○
○○호실	○○○분의○○	○○호실	○○○분의○○
○○호실	○○○분의○○	○○호실	○○○분의○○
○○호실	○○○분의○○	○○호실	○○○분의○○
○○호실	○○○분의○○	○○호실	○○○분의○○
.	.	.	.
.	.	.	.
.	.	.	.
.	.	.	.
.	.	.	.
.	.	.	.
.	.	합 계	○○○분의○○

〈별표 8〉 관리인 선임 신고서 (제51조제1항 관련)

■ 집합건물의 소유 및 관리에 관한 법률 시행령[별지서식] <신설 2021.2.2.>

관리인 선임 신고서

※ 뒤쪽의 작성방법을 읽고 작성하시기 바라며, [ ]에는 해당되는 곳에 √ 표시를 합니다.

(앞쪽)

접 수 번호	접수일		처리기간 7일	
건물 현황	건물명			
	건물주소			
	세대수	세대	승강기 유무	대 또는[ ]없음
			건 물 동 수	개동
	사용검사일	년 월 일	사업계획승인일	년 월 일
	사업주체	명 칭		
		소재지		
관리 인	성 명		생년월일	
	주소			
	임기			

「집합건물의 소유 및 관리에 관한 법률」 제24조제6항 및 같은 법 시행령 제5조의5에 따라 위와 같이 신고합니다.

년   월   일

신고인   (서명 또는 인)

서울시장 귀하

첨부 서류	관리단집회 의사록 등 선임사실을 입증할 수 있는 자료

210mm×297mm[백상지(80g/㎡) 또는 중질지(80g/㎡)]

작성방법

1. 색상이 어두운 란은 신고인이 작성하지 않습니다.
2. "신고인"란에는 관리인(「집합건물의 소유 및 관리에 관한 법률」에 따른 관리인을 말합니다)을 적습니다.

처리절차

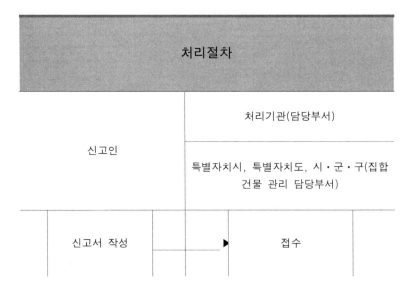

신고인	처리기관(담당부서)
	특별자치시, 특별자치도, 시·군·구(집합건물 관리 담당부서)
신고서 작성 ▶	접수

◨ 편 저 이종섭 ◨

10년 이상 수 개의 관리단을 맡아 운영해오면서 고질적인 분쟁을 해결하였고, 그 과정에서 발생되는 소송을 변호사 없이 90%이상 승소함으로써 실무의 경험을 갖춘 국내의 몇 안 되는 전문가이다.

· 한국경제신문사 관재담당 역임
· 엔타워 등 다수 관리단 대표 역임

(저서)
· 나홀로 소송, 당신도 승소 할 수 있다
· 돌의 흔적 (이종섭 문집)

집합건물 이론과 실무
확실히 알아두기

2023년 10월 10일 인쇄
2023년 10월 20일 발행

편 저 이종섭
발행인 김현호
발행처 법문북스
공급처 법률미디어

주소 서울 구로구 경인로 54길4(구로동 636-62)
전화 02)2636-2911~2, 팩스 02)2636-3012
홈페이지 www.lawb.co.kr

등록일자 1979년 8월 27일
등록번호 제5-22호

ISBN 979-11-93350-05-8 (93320)

정가 24,000원